改革开放四十年苏州印记

中共苏州市委党史工作办公室　编著

苏州大学出版社

图书在版编目(CIP)数据

改革开放四十年苏州印记/中共苏州市委党史工作办公室编著.—苏州：苏州大学出版社,2018.11
ISBN 978-7-5672-2670-8

Ⅰ.①改… Ⅱ.①中… Ⅲ.①改革开改-概况-苏州 Ⅳ.①D619.533

中国版本图书馆CIP数据核字(2018)第241785号

改革开放四十年苏州印记

中共苏州市委党史工作办公室　编著

责任编辑　李寿春
助理编辑　荣　敏

苏州大学出版社出版发行
（地址：苏州市十梓街1号　邮编：215006）
苏州工业园区美柯乐制版印务有限责任公司
（地址：苏州工业园区东兴路7-1号　邮编：215021）

开本 700 mm×1 000 mm　1/16　印张 13.75　字数 188 千
2018年11月第1版　2018年11月第1次印刷
ISBN 978-7-5672-2670-8　定价：68.00元

苏州大学版图书若有印装错误，本社负责调换
苏州大学出版社营销部　电话：0512-67481020
苏州大学出版社网址　http：//www.sudapress.com
苏州大学出版社邮箱　sdcbs@suda.edu.cn

前言

今年是改革开放40周年。经过40年的发展,我国已大踏步赶上了时代前进潮流,实现了从富起来到强起来的伟大飞跃,迎来了实现中华民族伟大复兴"中国梦"的光明前景。在这场波澜壮阔的改革开放大潮中,苏州是探索者、先行地,更是"弄潮儿"。乘着改革开放的东风,苏州人民以勇立潮头的姿态,不断解放思想,抢抓机遇,积极探索,埋头苦干,经济社会发展取得了巨大的成就。

40年来,在中共中央和江苏省委的正确领导下,经过全市人民的共同奋斗,苏州城乡面貌发生了翻天覆地的变化,经济社会发展取得了巨大的成就,人民群众的精神面貌焕然一新。今天的苏州,已从典型的消费城市走向全国闻名的经济大市,从以传统轻工业为主的地区走向现代制造业基地、创新型城市,从区域经济相对封闭走向全方位、高层次、宽领域开放格局,从城乡分隔走向城市现代化、城乡一体化,从温饱不足走向生活品质不断提升的高水平小康社会。

苏州的繁荣发展是我国改革开放40年所取得成就的一个精彩缩影,是苏州人民坚持解放思想、实事求是思想路线的实践成果。在40年的改革开放历程中,苏州各级党组织和广大干部群众始终以思想解放为先导,大胆试、敢于闯,着力推动解放思想和改革开放相互激荡、观念创新和实践探索互动并进,敢于打破常规,敢于突破框框,抢抓机遇,砥砺前行，全面展开了从农村到城市、从经济领域到其他各个领域的改革和开放，许多工作想在先、干在前，走在了全国的前列。

改革开放初期，苏州敢于破除"左"的思想禁锢，紧紧抓住农村改革的历史机遇，打破单一计划经济的坚冰，依靠跑遍千山万水、说尽千言万语、排除千难万险、吃尽千辛万苦的"四千四万精神"，大力发展乡镇企业。1988年，苏州乡镇工业产值已占到全市工业总产值的"半壁江山"。乡镇企业的发展，不仅迅速改变了农村的落后面貌，还通过"城乡合作""以工补农"等政策措施，对区域共同发展、城乡协调发展进行了有益的尝试，形成了以工补农、以城补乡、城乡一体、共同发展的良好局面，走出了一条农村工业化和城镇化的新路。

20世纪90年代后，苏州认真学习贯彻邓小平视察南方重要讲话精神，及时解放思想、适应形势，积极呼应国家实施沿海开放和浦东开发开放战略，大力引进外资，创办各级各类开发区，外贸、外资、外经齐上，合作、合资、独资并举。特别是14家国家级开发区和3家省级开发区（截至2017年底），已成为外商投资的密集区与新兴产业的集聚区，在体制创新和技术创新方面发挥先行示范和带动作用，成为苏州深度融入经济全球化的重要载体，走出了一条经济市场化和国际化的新路。

进入21世纪，苏州坚持解放思想不动摇，进一步完善社会主义市场经济体制，在继续保持开放型经济优势的基础上，大力度推进民营经济发展，加快经济结构调整和社会转型，率先全面推进小康社会建设。全市目前私营企业超过50万家，个体工商户超过70万户，在2005年整体达到省定4大类25项小康社会建设指标的基础上，正在推进高水平全面小康社会建设，走出了一条推动科学发展、促进社会和谐的新路。

党的十八大以来，苏州在习近平新时代中国特色社会主义思想的指引下，统筹推进"五位一体"总体布局和协调推进"四个全面"战略布局，进一步高举解放思想大旗，着力打破原来的发展模式和路径依赖，改革开放再出发,积极推动观念创新、科技创新和产业创新,加快发展动能转换,大力发展创新型经济,坚决打好防范化解重大风险、精准脱贫、污染防治攻坚战,抓重点、补短板、强弱项,努力走出一条体现新发展理念、实现高质量发展的新路来。

　　回望过去,苏州在40年的改革开放实践中,把解放思想作为永恒的主题,与时俱进,充分发挥区位优势,抢抓机遇,加快发展,取得了一直走在全国全省前列的骄人业绩。在纪念改革开放40周年这个具有重大意义的历史节点,市委党史工作办公室组织力量编写了《改革开放四十年苏州印记》一书。本书围绕苏州40年来在政治建设、经济建设、文化建设、社会建设、生态文明建设以及党的建设等方面产生重大影响,取得显著成绩的大事、要事,选取了40个专题。这些专题以不同侧面客观、真实地展现了苏州改革开放以来特别是党的十八大以来的生动实践和丰硕成果。当前,苏州处于决胜高水平全面建成小康社会的关键时期,经济正由高速增长向高质量发展转变。我们要从苏州改革开放40年的探索实践中汲取智慧和力量,更加紧密地团结在以习近平同志为核心的党中央周围,以习近平新时代中国特色社会主义思想为指导,以勇立潮头的使命担当、锲而不舍的坚韧执着、时不待我的奋斗姿态,在决胜全面建成小康社会、开启全面建设社会主义现代化国家新征程中,锐意进取,埋头苦干,勇当"两个标杆",建设"四个名城",在高水平全面建成小康社会、实现高质量发展中迈出更大步伐,努力争做"强富美高"新江苏建设的先行军和排头兵!

目　录

筑梦路上开辟"小康试验田"	001
农村全面推行家庭联产承包责任制	006
乡镇工业异军突起苏州进入工业化时代	012
健全开放型经济体制厚植开放型经济优势	017
科技创新成为高质量发展的强引擎	022
率先探索市场经济推动经济持续健康发展	026
供给侧结构性改革有序展开成效初显	032
深化"放管服"改革为市场主体添活力	036
调整行政区划优化发展格局	041
县域经济发展水平全国领先	046
古城保护与改造的"苏州智慧"	053
着力保护文化遗产打造苏州世界遗产城市品牌	059
开发区从产业集聚向能级提升转变	064
苏州工业园区成为中国对外开放重要窗口	070
民营经济成为苏州经济发展重要支撑	075

工业转型升级提升发展质效	079
服务业量质提升成为经济发展新动力	084
探索苏州旅游特色品牌建设	088
从城乡发展一体化迈向城乡融合发展	093
"三大合作"改革增强农村发展新活力	098
"三高一美"打造新时代鱼米之乡	103
新型城镇化展现新面貌	108
现代综合交通网络助推苏州经济社会发展	113
"三港合一"苏州港成为内河第一港	117
推进水利水务建设保障水安全	122
建立健全多层次全覆盖社会保障体系	127
教育优先办人民满意的教育事业	132
推动文化繁荣彰显历史文化名城魅力	137
健康惠民构建现代医疗卫生服务体系	143
提升供给水平推动全民健身和竞技体育全面发展	147
民主法治建设扎实推进	153

平安苏州建设确保人民安居乐业	159
"政社互动"打造社会治理苏州品牌	165
建立生态补偿机制生态文明建设取得新成效	170
推进城市创建提升城市品质	176
以苏州时代精神凝聚社会正能量	182
实施人才引育工程打造人才高地	187
持续推进党风廉政建设和反腐败斗争	193
探索党建工作新举措构建基层党建新格局	198
走在高水平全面建成小康社会开启现代化新征程前列	204
后记	209

筑梦路上开辟"小康试验田"

1982年,党的十二大正式提出到20世纪末实现全国工农业生产总值翻两番、人民生活达到小康水平的战略目标。这一目标确立后,全国人民热情高涨,能否翻两番与如何奔小康成为全党和全国人民议论的热点,更是邓小平非常关注的问题。为实地考察小康目标的现实可行性,1983年2月5日,邓小平乘专列离开北京,亲赴江浙地区考察,第一站就选择了苏州。

2月6日至9日视察期间,邓小平听取了江苏省委主要负责同志关于江苏和苏州经济社会发展情况的汇报,实地考察了苏州的太湖、园林和城市面貌,亲身感受了改革开放以来苏州的新面貌、新变化,重点就小康社会建设同江苏省委主要负责同志进行了深入的求证。当被问到"到二〇〇〇年,江苏能不能实现翻两番?苏州有没有信心,有没有可能?"①时,江苏省委主要负责同志表示:江苏从1977年到1982年,工农业总产值翻了一番,到1988年可以再翻一番,按照这种发展趋势,江苏有信心实现十二大提出的翻两番的目标;苏州1978年到1982年工农业总产值年均递增10%以上,照这样的发展势头,"翻两番"用10年时间就差不多了,苏州可以提前5年实现党中央提出的奋斗目标。邓小平听到这个答案非常高兴,视察后总结道:"看来,四个现代化希望很大。"②

---

① 中共中央文献研究室:《邓小平年谱1975—1997》(下),中央文献出版社2004年版,第886页。
② 《邓小平文选》第三卷,人民出版社1993年版,第24页。

苏州市工农业总产值人均接近800美元。"达到这样的水平,社会上是一个什么面貌?发展前景是什么样子?"①小康景象是邓小平特别关心的问题。省委主要负责同志汇报了苏州工农业总产值达到人均800美元后,群众在吃穿用、就业、住房、公共福利事业、精神风貌等方面将发生的变化,邓小平听了很是欣慰,称赞江苏和苏州的工作搞得好、了不起。苏州农村的新面貌、新气象,让邓小平对小康社会构想有了更直观的体验,在视察太湖时,他望着岸头一幢幢白墙青瓦的农民小楼房说:"我这一次来到江苏以后,发现老百姓都喜气洋洋的;另外你们这儿建了那么多新房子。农民都有房子住了,非常好!"②回到北京后,邓小平还专门让办公室同志与苏州地委领导核实相关数据。

20世纪80年代初的苏州农村面貌

---

① 《邓小平文选》第三卷,人民出版社1993年版,第24页。
② 在2004年由中央文献研究室和中央电视台联合摄制的大型电视纪录片《百年小平》第四集《未了的梦》中,全国人大常委会原副委员长、时任江苏省委书记(当时省委设第一书记、第二书记、书记)顾秀莲口述。

后来,邓小平将苏州工农业总产值达到人均800美元时呈现的面貌归纳为六个方面:第一,人民的吃穿用问题解决了,基本生活有了保障;第二,住房问题解决了,人均达到二十平方米,因为土地不足,向空中发展,小城镇和农村盖二三层楼房的已经不少;第三,就业问题解决了,城镇基本上没有待业劳动者;第四,人不再外流了,农村的人总想往大城市跑的情况已经改变;第五,中小学教育普及了,教育、文化、体育和其他公共福利事业有能力自己安排了;第六,人们的精神面貌变化了,犯罪行为大大减少。在邓小平看来,苏州呈现出的小康社会图景的六个方面,就是未来整个中国小康社会的发展方向。每当重要场合论及小康社会建设问题,邓小平都会以苏州经济社会发展的面貌来描述小康社会的美好蓝图。

农村小康是实现小康社会总体目标的关键所在。达到小康社会水平,"你们的路子是怎么走的?"①对于邓小平非常关心的路径问题,省委主要负责同志汇报了苏州的成功经验:一条是重视知识,重视知识分子的作用,依靠了上海的技术力量;另

《邓小平文选》第三卷中有关苏州之行的部分内容

---

① 《邓小平文选》第三卷,人民出版社1993年版,第25页。

一条是发展集体所有制,也就是发展了中小企业,在农村,就是大力发展社队工业(后称乡镇工业)。当时,苏州农村发展社队工业,吸收了不少上海的退休老工人,这些老工人有本事,请来工作所费不多,只是给点工资,解决点房子,就很乐意干,在生产上发挥了很好的作用。就发展社队企业对农业的影响问题,省委负责同志专门给邓小平作了分析:一是苏州农村剩余劳力较多,办社队企业可以分解一部分剩余劳力;二是办小企业后有了一些资金积累,可以搞水利工程,可以对社队的一些仓库、道路等进行改造。工业反哺农业,不但没有影响农业生产,相反有很大的支持和促进作用。邓小平对这种打破计划经济体制,靠着"四千四万精神",凭借灵活的经营机制,从原材料的获得、资金的来源到产品的销售,完全靠市场的做法,非常认同,"看来,市场经济很重要"①。邓小平给市场经济下了一个精辟的结论。第二年(1984年),中央为加快社队工业的发展专门下发了文件,充分肯定社队工业在农村经济乃至整个国民经济中的重要地位和作用,为全国范围社队工业的快速发展铺平了道路,乡镇企业后来被邓小平誉为"异军突起"。②

邓小平通过这次苏州视察,对全国20世纪末实现小康社会的信心更加坚定,对实现小康社会的蓝图有了一次直观的体验和认识。人均接近800美元的苏州人民六大方面的发展变化,给改革开放总设计师以最生动的素材,帮助他勾勒出小康社会发展的美丽图景,对实现小康社会的路径有了更加清晰的认识。邓小平视察苏州让苏州广大干部群众备受鼓舞、感怀于心,小康社会建设更是一路扎实推进。苏州1988年提前12年实现"翻两番"战略目标;1990年实现国民生产总值超百

---

① 中共中央文献研究室:《邓小平年谱1975—1997》(下),中央文献出版社2004年版,第887页。

② 《邓小平文选》第三卷,人民出版社1993年版,第238页。

亿元,进入人均超 800 美元城市行列。进入 21 世纪,苏州率先推进全面小康社会建设,在 2005 年达到江苏省定小康社会指标后,进一步巩固提升小康社会建设成果。2016 年中共苏州十二届党代会正式提出到 2020 年高水平全面建成小康社会的奋斗目标,届时,苏州这块"小康试验田"①定将取得更加辉煌的成绩。

---

① 出自 2014 年中央文献研究室指导下,由中共文献研究会和中共苏州市委联合出品制作的纪录片《筑梦小康》。

农村全面推行家庭联产承包责任制

与全国形势一样,苏州农村在人民公社时期,也普遍出现了生产"大呼隆"、评工"大概分"、分配"大锅饭"等现象,平均主义的泛滥严重挫伤了农民的积极性,阻碍了农村生产力的发展。国家工作重心的转移,迫切需要打破束缚农村生产力发展的计划经济体制及行政管理体制,最大限度地调动农民的生产积极性。其中安徽凤阳小岗村包干到户的做法,在全国各地引起了巨大反响,各地纷纷效仿。苏州的家庭联产承包责任制改革也在酝酿探索后全面推行,并逐步完善。

苏州的农村改革,首先酝酿和起步的是农业生产责任制,主要是专业承包、联产计酬。1978 年底,吴江县委在全县选择 6 个生产队进行分组联产计酬试点,一开始多为"小段包工、定额计酬"①。1979 年 5 月,苏州地委在召开的阳澄湖、澄湖、淀山湖、泖河地区商品粮基地建设座谈会上,首次提出建立责任制,落实按劳分配政策。自此,苏州农村开始酝酿、探索、推行各种行之有效的责任制。1980 年 2 月,地委批转了《关于加强和完善农业生产责任制座谈会纪要》,提出农村"小段包工、定额计酬"和"包工、包本、包产、联产计酬两种责任制同时并存",逐步向"三业分开、专业承包、联产计酬"方向发展;提倡在大田粮食作物上搞大组联产计酬责任制,但不搞分组联产,不搞分田单干,不搞大

---

① 探索阶段,比较普遍的形式是"小段包工、定额计酬",基本的办法是:将农作物生产管理中某段劳作交给社员或作业组承包,按质按量完成的可得到相应的工分,由此改变以往"干多干少一个样"的做法。但这种方式仍只联系劳动量,与最终的农作物产量并不挂钩。

田包产到户。由于政策限制,苏州留下了进一步改革的空间。即便如此,专业承包、联产计酬的方式也大大调动了农民的生产积极性,农民高兴地说:"过去上工队长吹哨子,千斤担子一人挑。现在社员个个出勤早,千斤担子大家挑!"

20世纪80年代初家庭联产承包责任制实施后,昆山县周庄农民在责任田劳作

1982年1月,中共中央批转《全国农村工作会议纪要》(即1982年中央一号文件),肯定了承包联产计酬、包干到户等各种生产责任制都是社会主义集体经济的生产责任制。中央的肯定使苏州农业生产责任制改革进入全面推进阶段。以"三业分开、专业承包、联产计酬"为主要形式的农业生产责任制在苏州地区虽然相对稳定了近两年时间,但广大干部群众的思想并未凝固,在深刻领会中央精神、认真总结前几年探索实践的经验教训、剖析比较现有各种生产责任制的利弊得失的基础上,借鉴外地成功经验,苏州终于找到了农业生产责任制的最佳实现形式——统分结合、包干分配。"包干分配",外地一般称为"包产到

户、包干到户"①，即家庭联产承包责任制。9月，常熟和太仓率先组织推行家庭联产承包责任制，在先行地区的带动影响下，秋收秋种结束后，苏州地区全面推行"包干分配"的家庭联产承包责任制。实行"劳划责任田、人划口粮田、猪划饲料田"三田归算到户，以户划田，五年不变。一时间，出现了"上上下下谈承包，村村队队忙划田"的繁忙景象。至1982年末，苏州地区49 370个生产队实行了家庭联产承包责任制，占生产队总数的84.2%，农村家庭联产承包责任制在苏州顺利推行开来。

家庭联产承包责任制确立后，苏州进入逐步完善、规范运行、稳定发展的配套完善阶段。针对实际推行中出现的承包地零散、承包合同不完善等问题，1983年8月，苏州市委（1983年3月苏州地市合并）召开县委书记会议，要求各地结合实际情况，按照"大稳定、小调整"的原则，有组织、有步骤解决承包地过于零散等问题。随后，11 649个生产队调整了零散承包地，调整面占到32%。为缓解田劳矛盾、合理茬口布局、解决遗留问题，1984年秋天，苏州各地对承包耕地进行调整，按照"重新测算、全面调整、协商转换、个别调整"的方法调整承包耕地，调整涉及40多万户农户、33.93万亩耕地，分别占总数的33%、8.6%，"三田"逐步变为"两田"，即口粮田和责任田，自留田不动。之后几年又进行了几次小的调整。在绝大多数地方承包耕地调整后，市委反复强调：只要是调整后的承包地，只要群众不要求变动，就应长期稳定下来。并明确宣布，大田和小田一般可以5年到10年不变，经济林木可以20年不变，甚至更长一些，以此鼓励

---

① 1983年中央一号文件《当前农村经济政策的若干问题》明确把包产到户、包干到户的"双包"责任制称为家庭联产承包责任制，就是在土地等主要生产资料公有制基础上，生产队将集体土地、农林牧副渔生产项目承包到户，由农民自主生产经营，落实好国家、集体、个人三者关系，并用合同形式固定下来，年终按合同结算兑现，农民形象地概括为"保证国家的，留够集体的，剩下全是自己的"。

农民增加投入、深度开发、长期经营,不断提高土地产出率和收益率。同时,为解决单一农户无力解决的机耕、灌溉、植保、育种等困难,全市推广建立了多种农业服务站、农业公司和多种经营服务公司。1984年,县、乡两级农业服务组织基本健全,业务拓展到农业、水利、农机、水产、蚕桑、畜牧、花果、食用菌、饲料加工和农资供应等各个领域。1998年,按照《中华人民共和国土地管理法》的规定,明确土地承包一般30年不变,农村土地承包制终以法律形式被巩固确定了下来。

20世纪80年代初的吴江农副业生产技术咨询服务站

家庭联产承包责任制在农村的普遍实行,直接冲击了人民公社"政社合一"的体制,推动了乡村基层组织的改革。1982年12月,全国人大五届五次会议通过新宪法,明确规定改革农村人民公社政社合一的体制,设立乡政府。1983年6月,市人大常委会做出实行政社分设的决定。7月开始，废除农村人民公社政社合一的体制，设立乡人民政府，建立群众性自治组织——村民委员会，将原来的生产大队改为村，原生产队改为村民小组。11月，市政府撤销郊区办事处，设置郊区人民政府（1984年正式成立），管辖4个乡和4个国营场圃。至此，全市农村政社分设工作全面完成，结束了持续25年的人民公社"政社合一"体制，为加强基层党的建设、政权工作和经济工作打下了制度基础。

以家庭承包经营为基础、统分结合的双层经营体制，从根本上打破了"一大二公"的经营模式，有效调动了农民的生产积极性，扩大了农民的经营自主权。同时发挥集体统一经营、协调管理作用，加大生产服务力度，注重集体资产积累，实行有统有分、以分为主的生产经营体制，极大地解放和发展了农业生产力，有力地推动了农业生产大发展。1983年，农业在多灾之年仍然夺得丰收，全市农业总产值完成33.08亿元，比1982年增长5.84%，是1978年的1.54倍。1984年全市农业总产值达46.39亿元，比上年增长40.24%，种植业和林牧副渔分别增长24.4%、57.79%，苏州农林牧副渔各业开始步入高速发展阶段。农业现代化步伐也随之加快，1983年，昆山陆杨乡40个种粮大户率先创办了家庭农场，开创了土地规模经营的先河，随后有条件的地方开展了土地适度规模经验的试点。到1991年底，全市农业规模经营单位达到1 293个，经营耕地71 977亩。1999年6月，市委、市政府制定《关于加强农村集体承包土地流转管理的意见》，为承包土地流转提供政策保障，强力助推苏州农业步入现代发展轨道。同时，农村劳动力的解放，为苏州乡镇工业崛起提供了丰富的劳动力资源。农村的能工巧匠、富余劳力、回乡青年大规模进入集体经济体，苏州的乡镇工业如雨后春笋般发展壮大起来。被邓小平誉为"异军突起"的乡镇工业在苏州经济社会发展中创造了骄人的成绩：1984年，乡镇工业总产值在全市工业总产值的份额达到"三分天下有其一"；1988年，乡镇工业总产值在工业总产值中占据"半壁江山",并推动苏州农村工业化、小城镇建设的快速发展。

20世纪80年代苏州乡镇企业康乐食品厂的巧克力包装车间

乡镇工业异军突起
苏州进入工业化时代

乡镇工业作为农民的伟大创造,是农村市场经济的开拓者和先行军。乡镇企业以乡镇工业为主,1987年邓小平在同外宾谈话时曾指出:"农村改革中,我们完全没有预料到的最大的收获,就是乡镇企业发展起来了,突然冒出搞多种行业,搞商品经济,搞各种小型企业,异军突起。"①苏州作为乡镇工业的发源地之一,乡镇工业的异军突起成为农村经济改革发展中的亮点,有力地推动了农村工业化、城市化和城乡一体化,对苏州农村经济社会发展产生了巨大的促进作用。

改革开放以后,农村推行家庭联产承包责任制,极大地解放了农村生产力。再加上苏州地处长江三角洲中心区域,农村地少人多,农民从事工副业的历史源远流长。苏州农民在种植好农作物的同时,充分利用靠近上海的区位优势,利用上海的人才、技术,大力兴办乡镇企业。这些因素一起促进了苏州乡镇工业的快速发展。

党的十二大以后,特别是1983年邓小平视察苏州后,市委、市政府召开专门会议,根据不同时期的特点,制定专门政策、措施,不断推动乡镇工业发展。1987年,市委下发《关于乡镇工业发展外向型经济上水平增效益的意见》,引导全市乡镇企业抓住国家实施开放开发的历史机遇,充分发挥"船小好调头"、经营机制灵活、适应市场机制能力较强

---

① 《邓小平文选》第三卷,人民出版社1993年版,第238页。

等自身优势,贯彻实施"外向带动"战略,实行利用外资、外贸出口、对外经济合作的"三外"齐上,在发展外向型经济中开拓新的、更大的经济增长点。1988年,全市乡镇企业户数超过15 000家,创历史最高点;乡镇工业总产值达250亿元,占全市工业总产值的50%,成为苏州农村经济的重要支撑,全市工业经济的"半壁江山"。

20世纪80年代中期苏州"四大名旦"
(春花吸尘器、孔雀电视机、香雪海电冰箱、长城电扇)生产车间

1992年初,邓小平视察南方并发表重要讲话,提出"发展是硬道理"。面对这一难得的机遇,市委力促苏州乡镇工业迅速驶上发展的快车道,从而使1992年、1993年成为全市乡镇工业跳跃式发展的"黄金时期"。1992年全市乡镇工业完成产值占全市工业总产值的比重首次超过70%,开始形成"三分天下有其二"的格局。

乡镇工业的发展所取得的成就不是一蹴而就的,也经历了动荡和波折。市委、市政府根据各个时期经济发展的特点,审时度势地制定相关政策和措施,对乡镇工业进行了两次调整,促进了乡镇工业不断向前发展。

1989年,国家宏观经济紧缩,乡镇工业存在的基建投资过量、负债经营过度等问题集中暴露。苏州市委、市政府对乡镇工业主动开展全面调整,努力进行"二次创业"。在治理整顿的3年中,苏州乡镇工业的发展增幅虽然有所减慢,但经济的结构开始发生可喜的变化,突出的是外向型经济增幅高于乡镇企业经济总量的增幅。

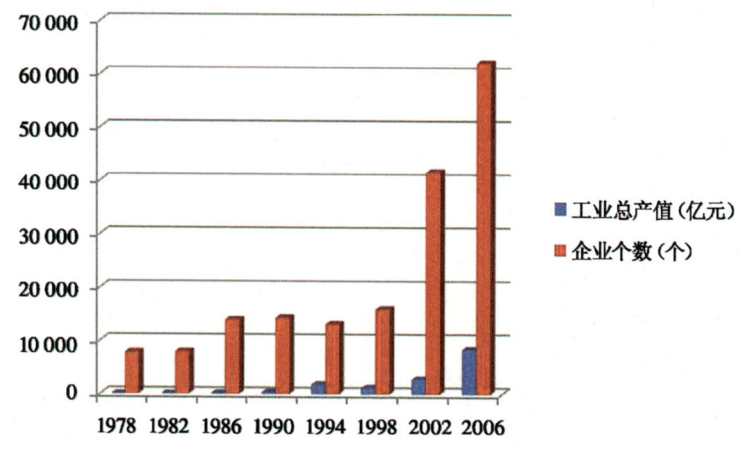

1978—2006年苏州市乡镇企业主要经济指标

数据来源：苏州市乡镇企业局

随着我国经济体制改革的不断深化，苏州乡镇企业深层次的产权制度改革也在积极酝酿突破。1996年，全市各地对处于不同发展阶段、生产力水平处于不同层次的各类企业，采用不同的企业组织形式和所有制形式来推进改革。1997年，市委又组织对已经改制的企业开展"回头看"活动，并重点部署实施好大中型乡镇企业产权制度改革。1999年起，全市乡镇企业改制工作主要解决"大而优"企业、"大而难"企业、校办企业及一些特殊性质企业这四类企业的问题。2000年，全市乡镇企业开展"二次改制"，重点是集体控股或参股比重较大的股份合作制企业。至2001年底，全市乡镇企业产权制度改革工作基本结束，全市共有15 000多家企业实施改制。市委、市政府坚持"有所为有所不为"和"抓大放小"的原则，在乡镇企业产权制度改革中对江苏沙钢集团、梦兰集团、亨通集团、恒力集团等300多家大中型企业进行改组，形成了一批新的民营企业，为民营经济的腾飞奠定了基础。经过全面改制，苏州乡镇工业的体制机制实现了历史性的变革，以崭新的面貌跨入了新的世纪。

苏州乡镇工业虽然只有短短几十年的发展历史，而且已经走过了最为辉煌的时期，但是苏州乡镇工业的崛起和发展，对推进苏州现代化进程以及全国各地的发展都产生了积极影响。

首先，乡镇工业促进了苏州农村的变革。乡镇工业的发展，直接冲击了农村二元经济结构，使苏州农村走出了一条依靠发展乡镇工业实现农民脱贫致富、农业工业化、农村城镇化的新路子。乡镇企业脱胎于农业，利用农业的原始积累发展壮大后，又自觉地承担起以工补农、以工建农的义务，促进了农业的工业化和现代化，使农业获得稳定发展。农村集体经济的强大，使农村更有力量发展教育、文化、卫生、体育、人口与计划生育等各项社会事业，实现了农村经济社会协调发展。

其次，乡镇工业促进了苏州经济社会的发展。乡镇工业作为苏州市场经济的开拓者、民营经济的奠基者、外向型经济的先行军和城镇化发展的助推器，成为苏州经济快速崛起的重要支柱。统计显示，苏州乡镇工业推动苏州经济每隔几年上一个大的台阶：1984年，全市地区生产总值68.05亿元；1988年，全市地区生产总值迅速上升到165.13亿元；1992年，苏州地区生产总值达到359.69亿元。1992年，国务院发展研究中心公布的全国地级以上城市经济社会发展水平评价结果中，苏州市列第7位。苏州由此开始确立了在全国大中城市中的领先地位。

乡镇工业的"四千四万精神"成为全市人民的宝贵精神财富。乡镇工业不同于国有企业和城镇集体企业，它没有计划安排的产品，没有国家分配的资金，没有固定供应的原材料，产、供、销都受市场调节，实行自产自销的模式。正是这种"夹缝经济"环境，迫使苏州乡镇企业练就了一种顽强生存的能力和积极适应的本领。在苏州乡镇工业发展初期，广大乡镇企业的经营管理者和供销人员，发扬跑遍千山万水、说尽千言万语、排除千难万险、吃尽千辛万苦的"四千四万"精神，千方百计寻找项目、资金、技术和原材料，努力争取客户、推销产品。这种精神培养造就出了像沈文荣、高德康、钱月宝等一大批具有市场意识、竞争意识、创新意识、团队精神、科学精神的优秀农民企业家。

苏州的乡镇工业主要以集体经济为主、以市场调节为主，主要目的是实现共同富裕，著名社会学家费孝通以这种经济形式为基础，提出了著名的"苏南模式"。这种在发展经济的实践中形成的精神，成为苏州人民宝贵的精神财富。在全国产生重要影响的苏州三大法宝——"张家港精神""园区经验""昆山之路"都受到过这种争先创新精神的启发。"四千四万"精神对于苏州今天勇当"两个标杆"，落实"四个突出"，建设"四个名城"，争当建设"强富美高"新江苏的先行军与排头兵仍有重要意义。

健全开放型经济体制
厚植开放型经济优势

改革开放以来,苏州始终勇立改革开放潮头,开放型经济从小到大、由弱到强,外贸进出口、利用外资、境外投资等主要指标均位居全省、全国前列。超3万个外资项目,151家世界500强公司投资苏州。作为苏州的"第一性经济",开放型经济在不同时期呈现出别样的发展态势,体制不断健全,优势日益突出,逐步成为苏州的显著特色和亮丽城市名片。

改革开放之初,苏州就把利用外资、引进国外技术作为促进经济发展的重大战略措施。1984年8月,苏州第一家中外合资企业——中国苏旺你有限公司在昆山创办,实现了兴办中外合资企业"零"的突破。1985年2月,中共中央、国务院批转的《长江、珠江三角洲和闽南厦漳泉三角地区座谈会纪要》中确定,苏州市及所属6县(市)为沿海经济开放区。根据中央精神,市委、市政府迅速研究制定了《苏州市对外开放实施方案》,果断提出全面实施"外向带动"战略,正式拉开了开放型经济发展大幕。这一阶段,苏州开放型经济发展以出口创汇为主,同时实行外贸、外资、外经"三外齐抓",形成"三外联动、三外齐上"的良好局面。外贸方面,1985年10月,苏州市对外经济技术贸易公司成立,担负起引进技术设备、利用外资、对外经济技术合作、外贸出口等各项任务。1987年上半年,苏州从省里争取到丝绸、纺织、轻工、工艺4家外贸支公司部分对外贸易自营出口权。1988年,省政府批准苏州自营外资企业10家,自行出口生产企业10家,10家自营外贸公司与省公司脱钩,实行自营出口,独立核算。自此,苏州突破了单纯依靠传统特色产业配额生产的"三来一补"单一形式。1987年至1989年,苏州外贸商品收购总额每年以50%以上的速度增长,占全省比重由16.8%提高到20.3%,出口总额从500万美元增长到8 239万美元,创历史最高水平。外资方面,1988年8月,市委、市政府出台《关于加快利用外资步伐的若干意见》,进一步下放外商投资项目审批权。截至1989年底,苏州合同外资3.59亿美元,实际利用外资2.18亿美元,"三资"企业总数达到253家,在全省遥遥领先。外经方面,1987年7月,常熟丙纶厂到泰国合资办厂,开创全省出国办厂先河。1988年4月,香港钟山有限公司苏州部和香港鑫隆有限公司苏州部在香港正式成立,成为苏州经济走向世界、融入国际经济大循环轨道的先行军。

1984年8月,苏州首家中外合资企业中国苏旺你有限公司在昆山举行开工典礼

1990年4月,中央作出开发开放上海浦东的战略决策,苏州市委、市政府紧紧抓住这次难得的机遇,主动接受上海辐射,加快开放型经济

发展。在工作中,基础设施先行对接,开工建设了苏州连接上海虹桥机场的机场路;人员组织先行进驻,要求所有有条件的部门、单位和企业到浦东设立办事处,推介苏州;审批政策先行放权,500万美元以下外资项目审批权及一些优惠政策,逐级下放给县(市)、乡(镇),最大限度地用好政策资源。1991年7月,市委制定了《关于鼓励发展外向型经济的若干意见》,在出口创汇、利用外资、外经合作方面,因地制宜地出台了多项优惠奖励政策。一系列政策的实施,使苏州乡镇企业与开放型经济一起实现跨越。1992年,全市大部分乡镇企业都兴办了中外合资企业,外资利用增长到2年前的15倍以上,乡镇企业完成外贸交货额超过前5年之和,苏州开始确立在全国大中城市中的领先地位。1992年邓小平南方谈话后,苏州广大干部群众的思想进一步解放。"三外"迅猛发展的同时,开发区建设成为苏州开放型经济的重中之重,苏州称之为"二次创业"。1992年,苏州先后获批4个国家级开发区。1993年2月,市委、市政府召开全市经济工作会议,要求各级政府学习昆山开发区"自费开发"的创业精神,全面实施"四区①领航、四沿②推进"战略,加快开发区建设步伐。1993年,常熟、太仓、张家港等7个开发区升格为省级开发区,次年5月,中国、新加坡合作开发建设的苏州工业园区破土动工。至1994年底,苏州共拥有5个国家级开发区、9个省级开发区、130个乡镇工业小区,形成了门类齐全、层次不同、各具特色的开发区集群,成为开放型经济发展的主战场、主阵地。凭借高端、专业、开放、优良的开发区平台,苏州很好地抓住了全球制造业梯度转移和长三角开放开发机遇,形成了全方位、多层次的开放格局,开创了开放型经济突飞猛进的崭新局面。2000年苏州进出口总额和实

---

① 即苏州国家高新技术产业开发区、昆山经济技术开发区、张家港保税区、苏州太湖国家旅游度假区4个1992年获批的国家级开发区。

② 即沿长江、沿大运河、沿太湖、沿沪宁线。

际利用外资分别是1990年的106.7倍和41.5倍,位居全国第五位和第二位,实现了"内转外"的历史性跨越。

21世纪以来,苏州开放型经济进入高位运行模式,特别是2001年中国加入世界贸易组织(WTO)后,苏州全面融入世界贸易体系,开放型经济呈现出腾飞之势。2003年、2004年、2007年,苏州外贸进出口总额依次突破500亿美元、1 000亿美元、2 000亿美元大关,增幅远超同期全国平均水平。在融入世界经济的同时,外向度较高的苏州经济不可避免地受到国际环境的影响和冲击,特别是2007年底由美国次贷危机引发的国际金融危机,严重波及苏州经济。面对严峻经济形势,市委、市政府积极主动应对金融危机,努力保持经济平稳发展。2009年苏州进出口总额为2 014.5亿美元,虽比上一年有所下降,但降幅逐月收窄,占全国、全省比重有所回升。渡过国际金融危机后,苏州开放型经济进入平稳增长阶段。2011年,苏州外贸进出口总额突破3 000亿美元大关,实际利用外资89.1亿美元,增速放缓,但实现了在全省、全国位次不移,份额基本稳定。

2014年以来,苏州先后开通"苏满欧""苏满俄"等国际班列及至东盟的跨境卡车业务,积极参与国家"一带一路"建设

党的十八大以来,苏州深入贯彻习近平新时代中国特色社会主义思想,紧扣新发展理念,积极采取先行先试,加快转型,全力推动开放型经济的高质量发展。外贸方面由"大进大出"向"优进优出"转变,外贸

总量平稳增长的同时,结构优化特征明显。2017年,苏州进出口总额达到3 160.79亿美元,增长15.5%,规模创历史新高;一般贸易出口606.18亿美元,占比达32.4%;服务贸易进出口规模超过160亿美元,荣获"中国服务外包最具特色城市"称号。利用外资的结构更加优化,2017年实际使用外资45.04亿美元,其中服务业使用外资占比达到34%,较2011年提升1.1个百分点,战略性新兴产业和高技术项目实际使用外资占比达到51.2%;累计引进和形成的具有地区总部特征或共享功能的外资企业超过280家,大量外资研发机构以内设机构或非经营主体形式存在,成为重要的创新力量。"走出去"步伐明显加快,2016年"走出去"规模首次超过"引进来",2017年新增境外投资协议额23.18亿美元,较2011年增长了231.14%,开放性经济步入资本流动均衡发展的全新阶段。开发区创新转型取得明显成效,开发区高新技术企业产值占规模以上工业产值的比重超过50%,集聚全市高端人才的80%以上;又新增4个国家级开发区,总数达到14个,成为全国开放载体数量最多、功能最优、发展水平最高的城市之一。转型发展动能稳步增强,累计获批各类国家级平台或试点13项,数量居全国前列,形成了试点政策叠加优势。全力贯彻中央扩大开放重点战略部署,积极参与"一带一路"建设,"苏满欧"国际五定班列出口班列货值快速增加,对"一带一路"沿线国家和地区出口比重提升至20.4%;59项上海自贸区改革措施全部复制落地,为苏州开放型经济高质量发展注入新动力。

科技创新成为高质量发展的强引擎

苏州市委、市政府高度重视科学技术发展。改革开放初期,全市各地各部门认真贯彻中央、省委决策部署,积极转变科学技术研究方向,发展应用技术。1989年1月,市委六届八次会议首次将"科技兴市"确立为全市经济社会发展战略。随后,市委、市政府出台了《关于依靠科技进步,振兴苏州经济的决定》《关于实施"科教兴市"战略、加速科技进步的若干意见》等政策意见,加快推进科技进步。1991年,经国家科委批准,苏锡常火炬带苏州火炬区正式成立,开始组织实施国家"火炬计划"项目,加快推动科技进步的成果转化。1992年11月,建立苏州国家高新技术产业开发区。1993年,苏州被列为全国专利工作试点城市。2001年4月,苏州市被美国《新闻周刊》评为世界九个新兴高科技城市之一。

进入21世纪,苏州在推动科学技术进步发展的同时,更加强调科技创新能力的建设。2003年、2006年,苏州市分别作出《关于加快国际新兴科技城市建设的决定》及《关于增强自主创新能力建设创新型城市的决定》。2010年,苏州成为创建国家创新型城市试点之一。市委、市政府陆续出台了《关于加快区域科技创新体系建设的意见》《苏州市加强自主创新能力行动计划》《关于增强自主创新能力建设创新型城市的若干政策意见》等一系列政策文件,推进关键技术创新和产业化、科技园建设等十大建设国际新兴科技城市工程,组织实施新兴产业培育、科技创新企业培育等六大工程。至2011年底,全市研发经费支出占地区生产总值比重提高到 2.45%,财政科技投入 53.2 亿元。省级以上高新技术产品 7 664 个,省级以上高新技术企业 1 347 家,省级以上研发机构 785 家。全市 77% 的本土大中型企业建立了研发机构。全市专利申请量和授权量达到 10 万件和 6.7 万件,均列全国大中城市第一位。引进和培育了中科院纳米所、中科院医工所、常熟大学科技园等一批重点创新载体,以及太阳能光伏、平板显示高新技术、国家纳米高新技术三大"国字号"产业化基地。

党的十八大以来,苏州进一步落实创新驱动发展战略力度,更加突出科技创新的重要地位,把创新作为经济社会发展的核心点与推动高质量发展的强力引擎。几年来,市委、市政府围绕创新这第一动力、人才这第一资源,进一步推进人才优先发展,打造先进制造业基地、产业科技创新高地等。同时,紧抓苏南国家自主创新示范区机遇,大力推进苏州工业园区、苏州高新区和昆山高新区特色发展,深化与国内外知名高校院所的战略性合作,实施姑苏创新创业领军人才计划,引进一批拥

信达生物制药(苏州)有限公司被列入科技部"2017 年中国独角兽企业"榜单

有核心自主知识产权、掌握关键技术的高科技领军人才。每年设立18亿元的人才专项资金，对引进的重大创新团队和高端人才给予资助或奖励。

2016年开工建设的纳米真空互联实验站是世界首个纳米真空互联实验站

目前，苏州科技创新能力取得长足进步，科技对经济社会发展的贡献越来越大。一是科技创新的载体更加丰富。到2017年，全市3家国家级高新区、7家省级高新区，成为科技创新的主阵地。与国内外知名高校院所合作，建成并运行的各类产学研创新载体达94家，其中与中科院合作共建科技创新载体21家，占中科院全国布局总数的20%，与清华大学合作共建13家，成为与清华合作最多的城市。二是科技创新的人才更加集聚。全市拥有高技能人才54.87万人。有782人入选省"双创人才计划"，连续11年位居全省第一；237人入选国家"千人计划"，其中创业类人才127人。市级以上领军人才创办企业达832家，累计实现销售业务收入超过800亿元。三是科技创新的主体更加突出。企业成为研发投入、创新决策、成果转化的主体,基本形成科研机构、科技人员、研发投入、科技成果"四个90%在企业"的局面。四是支持科技创新的金融政策更加优化。在全省率先形成了加强科技金融结合、拓宽中小企业融资渠道的完整政策体系。全市已有各类创投机构300多家,管理的资金规模超过1 200亿元,创投机构数量和管理资金规模均分别占全省50%、全国10%左右。支持中小企业发展的科技信贷风险池资金规模达11亿元,"科贷通"累计帮助3 689家中小科技企业获得银行贷款超281亿元。五是科技创新的成效更加明显。依托各地产业基础和特色,加快发展战略性新兴产业,苏州工业园区纳米技术产业、苏州高新区生物医药及医疗器械产业、昆山高新区机器人和智能装备产业等均已初具规模。2017年,全社会研发投入占GDP比重达到2.77%。全市拥有国家高新技术企业4 464家、省级民营科技企业13 684家,均为全省第一。全市高新技术产业和战略性新兴产业产值分别达1.53万亿元和1.63万亿元,分别占规模以上工业产值的比重为47.9%和50.8%。省级以上工程技术研究中心677家,企业技术中心447家,工程中心(实验室)79家,科技孵化器107家。全市共有国家级众创空间51家,省级众创空间148家。全年专利申请量11.37万件,其中发明专利申请量4.6万件,占比达40%;专利授权量5.15万件,其中发明专利授权量1.16万件,占比达21.8%。年末万人有效发明专利拥有量达46.0件。科技进步贡献率达63.5%。科技进步综合实力连续9年位居全省第一。

率先探索市场经济
推动经济持续健康发展

改革开放以来,苏州经济市场化程度随着经济的发展不断深化。1992年10月召开的中共十四大,确定我国经济体制改革的目标是建立社会主义市场经济体制。1993年11月,中共十四届三中全会作出《关于加快建立社会主义市场经济体制若干问题的决定》,使十四大提出的经济体制改革目标和基本原则具体化,勾勒出社会主义市场经济体制的基本框架。苏州市委、市政府,以中共十四大和十四届三中全会为指导,开始推动以改革为中心、制度创新和充分发挥市场作用为导向的建立市场经济体系的改革。其实,苏州在乡镇工业异军突起、外向型经济迅猛发展、国有集体企业深化改革、民营经济快速腾飞等时段都率先发起对社会主义市场经济的探索,经济市场化程度逐步提升。

乡镇企业的创办开启了市场经济的有益探索。20世纪80年代中前期,家庭联产承包责任制有力地促进了农业生产的发展并解放了大批剩余劳动力,寻求剩余劳动力的新出路、探求发展经济的新路子成为当时经济社会发展的一种现实要求,乡镇工业由此应运而生。苏州县、乡(镇)两级政府的党政领导者凭借着他们对中央政策的理解,组织土地和劳动力等生产要素,依靠"政府信用"从银行获取贷款,冲破计划经济的障碍解决原材料短缺和产品销售问题,创办乡镇工业。曾被费孝通先生誉为"草根工业"的乡镇工业,完全不同于国有企业和城镇集体企业。它没有计划安排的产品,没有国家分配的资金,没有固定供应的原材料,产、供、销都受市场调节,实行自产自销的模式,这在当时计划经济体制下无疑是一种创举。正是这种"夹缝经济"环境,迫使苏南乡镇工业练就了一种顽强生存的能力和积极适应的本领,即按照市场的需求来确定项目、开发产品、组织生产、实现销售、取得盈利。乡镇工业这种政府导向的集体经济的发展,使农业增产、农民增收、农村稳定繁荣,"据统计,1986年苏州市农民人均收入883元,是1978年的4.3倍,年均增长达20.1%"[①]。乡镇工业这一"政府推动型经济",找到了一条以集体经济为主,率先进行依靠市场指导发展经济的探索实践道路,是市场经济的有益探索。

商品市场的兴办加快了经济市场化的步伐。乡镇企业的快速发展,促使商品市场日益丰富,苏州开始通过调整农业结构建立农副产品市场,从无到有、从小到大,多类市场不断发展壮大。吴县渭塘珍珠市场、昆山正仪镇阳澄湖水产品批发市场、常熟副食品批发市场等,都在这个时期涌现出来。除农副产品市场之外,苏州依托产业优势,发展起来的大型市场也很多:蠡口家具城历经30年的发展成为华东之冠、全国第二的家具集散中心,常熟招商场、吴江东方丝绸市场等跻身全国大型专业市场前十。

1985年5月,全省第一家农民集资联合兴办的市场——常熟招商场正式开业。常熟招商场处于两条省级公路的交会处,以及两条主航道的汇合处,水陆交通非常便捷,早就形成绵延数百米的"马路市场"。"马路市场"虽兴旺,但是存在露天环境差、阻碍交通、违章经营等问题。因此,琴南乡和湖泾村自筹资金55万元兴建了常熟招商场。商场占地12.8亩,有3 400平方米的玻璃钢大棚,设摊位2 200个,并配套建成商场供销经理部、货物联运站等。1992年6月,常熟市政府决定在招商场的基础上建办江苏常熟招商城。2007年9月,常熟招商城成

---

① 苏州市经济贸易委员会:《苏州乡镇工业》,中共党史出版社2008年版,第16页。

荣获"全国首批重点示范特色商圈"称号的常熟服装城

为国家4A级购物旅游景区,2008年1月,常熟招商城正式更名为"常熟服装城"。2011年,常熟服装城交易额为800.58亿元,获"全国首批重点示范特色商圈"称号,常熟也因此获"全国首批诚信城市"称号。

1986年10月,全国最大的丝绸专业市场——东方丝绸市场在被誉为"中国三大绸乡"之一的吴江县盛泽镇落成开业。东方丝绸市场占地8000余平方米,市场内共设100多间铺面、145个个体摊位。它既是交易场,又是一个大型商品展销基地,既方便了客商,也便利了生产者。1992年11月,经国家工商行政管理局批准,该市场升格为中国东方丝绸市场,并获"全国文明集贸市场"称号。2005年,商品交易额首次荣登中国纺织品服装市场榜首,至2011年实现了"六连冠"。2011年,中国东方丝绸市场提出的未来规划以"一园(纺织创意产业园)、两基地(丝绸文化创意基地、全国面料开发基地)"为基础,致力于提升千年丝绸文化和现代纺织产业的影响力,打造集研发设计、人才培训、加工制造、市场营销于一体的"中国第一布市"。

国有、乡镇企业改革和民营、外资经济的发展,进一步壮大了市场经济的主体。企业是市场经济重要的主体,改革开放以来,我市国有、乡镇企业改革以及民营、外资经济的发展,都进一步壮大了市场经济的主体。苏州市的国有(集体)企业改制起步较早,县级市和区属国有企业改制于 1997 年全面推开,经过 3 年时间的努力,3 000 多家国有企业于 2000 年底基本完成改制。市属国有企业的改制也在随后展开,2002 年又通过为期一年半的产权制度改革,明晰了国有(集体)企业产权,股权趋向合理,真正形成了产权人格化、投资多元化、劳动力市场化的格局,为苏州以后的新型国有经济的迅速崛起奠定了坚实的基础。如苏州创元投资发展(集团)有限公司脱胎于苏州 10 个工业主管局。自 2001 年以来,通过产权制度改革,完成了 403 家企业的改革脱困任务,实现了市属工业国有经济布局的战略性调整和重组;通过制度创新,完成了从行政管理部门向国有资产经营管理公司的转型,实现了国有资产的保值增值,为苏州的经济社会发展作出了贡献。创元集团已发展成为一家以先进制造业为核心,融现代服务业为一体,实业经营与资本经营并举的大型投资控股集团。集团连续 10 年跻身中国企业 500 强,为苏州市属大型国有企业集团、苏州市首批 14 家地标型企业之一。

党的十五大明确指出民营经济是社会主义市场经济的重要组成部分,苏州市委、市政府进一步解放思想,转变观念,大力发展民营经济。2001 年,市政府制定《关于加快发展苏州市个体私营经济的实施意见》,开始大力发展民营经济;2003 年,市政府进一步规定民营经济发展具有"四有,四不限,五平等"(即社会上有地位、政治上有荣誉、经济上有实惠、法律上有保障,不限发展比例、不限发展速度、不限经营规模、不限经营方式,登记申报平等、税费标准平等、金融贷款平等、市场准入平等、部门服务平等),极大地推动了民营经济的发展。2005 年,市委、市政府又提出了全民创业、自主创业,把助推民营经济发展的工作推向新的高潮。到 2006 年底,全市民营经济资本总额突破 2 400 亿,上缴税收、固定资产投入占全市总量 40% 左右。

1985 年 2 月,中共中央、国务院在批转的《长江、珠江三角洲和闽南厦漳泉三角地区座谈会纪要》中确定,苏州市及所属 6 县(市)为沿海经济开放区。苏州市委、市政府迅速组织制定《苏州市对外开放实施方案》，果断提出全面实施以发展外向型经济为主的"外向带动"战略，外贸、外资、外经"三外联动、三外齐上"，苏州的外向型经济从无到有、从小到大发展起来。90年代，苏州抓住国家开发开放上海浦东新区的机遇，主动接受辐射，大力发展开放型经济。截至2018年7月底，苏州共有外资企业21 291户，投资总额2 998.03亿美元，注册资本总额1 451.66亿美元。外向型经济的发展，进一步壮大了市场经济的主体，使苏州在利用好国内市场的同时更进一步利用国际市场，在更广的领域内和更高的层次上参与国际分工、资源分配，融入世界经济体系。

生产要素市场的完善，进一步丰富了市场经济的内容。 苏州非常重视对生产要素市场的培育，这些生产要素市场主要包括土地、产权、金融市场等。2001年，苏州国土资源局成立土地储备中心，专门负责代表政府持有收购储备土地并将土地项目依法公开拍卖，形成了土地市场。2017年前三个季度，全市共批准建设用地批次（项目）76个，面积19 897.9亩；全市土地供应768宗，面积48 618.6亩，其中土地出让503宗，面积为28 544.6亩。乡镇企业产权制度改革后，苏州成立了一批产权交易市场，如苏州首家企业产权专门交易机构——昆山企业产权交易所。1995年，苏州产权交易所成立，在国家宏观调控和产业政

苏州工业园区东沙湖股权投资中心

策指导下,交易所充分发挥市场机制的作用,为各类出资人从事企业购并、资产重组、托管经营等产权交易活动提供合法交易场所和配套服务,规范产权合理流动,促进资源优化配置,防止国有资产流失,为苏州市企业产权制度改革和经济建设的健康发展服务,并逐步成为市内各类企业重组改制以盘活资产保值增值的专业产权市场。2018年上半年,苏州产权交易所国有产权交易项目27个,交易金额3.83亿元。1988年,苏州正式成立了常设的金融市场,它是一个跨系统、综合性、开放性的融资市场,沟通了银行系统间、地区间的融资渠道,扩大了融资范围。苏州金融资产交易中心、股权交易中心等资本要素市场也先后设立。2018年上半年,苏州金融市场运行平稳,存贷款同比双增的同时,在金融支持经济高质量发展方面表现突出。

供给侧结构性改革
有序展开成效初显

改革开放以来,中国依靠资源、资本、低成本劳动力等要素投入驱动,经济持续高速增长,稳步迈入中等收入国家行列,已成为名副其实的经济大国。但随着人口红利衰减、"中等收入陷阱"风险累积、国际经济格局深刻调整等一系列内因与外因的作用,我国经济发展正进入"新常态"。为适应这种变化,党中央、国务院于2016年提出,要在全社会进行供给侧结构性改革,从提高供给质量出发,用改革的办法推进结构调整,矫正要素配置扭曲,扩大有效供给,提高供给结构对需求变化的适应性和灵活性,提高全要素生产率,更好满足广大人民群众的需要,促进经济社会持续健康发展。

苏州积极贯彻党中央、国务院的决策部署,按照"率先破题、率先落实、率先见效"的要求,在全省范围内率先出台了《苏州市供给侧结构性改革降成本行动计划(2016—2018年)》和《苏州市供给侧结构性改革总体方案(2016—2018年)》。成立了以市发改委、经信委、财政局、住建局、金融办为牵头负责部门的专项工作领导小组,确保全市能按时按质地从以下几个方面推进改革。

一是"去产能"方面,通过化解过剩、低效产能,调整优化产业结构。改革开始后,市委、市政府及时出台了《苏州市深入推进化解过剩产能工作的实施意见》,在能耗、环保、安全、技术等方面明确责任,加快化解过剩产能。截至2017年,已完成钢铁去产能83万吨,化解平板

苏州市人民政府文件

苏府〔2016〕72号

市政府关于印发苏州市供给侧结构性改革总体方案(2016~2018年)和行动计划的通知

各市、区人民政府,苏州工业园区、苏州高新区、太仓港口管委会;市各委办局,各直属单位:

《苏州市供给侧结构性改革总体方案(2016~2018年)》《苏州市供给侧结构性改革去产能行动计划(2016~2018)》《苏州市供给侧结构性改革房地产去库存行动计划(2016~2018)》《苏州市供给侧结构性改革有序去杠杆行动计划(2016~2018年)》《苏州市供给侧结构性改革补短板行动计划(2016~2018年)》已经市委第152次常委会、市政府第52次常务会审议通过,

2016年4月,苏州市政府印发《苏州市供给侧结构性改革总体方案(2016~2018年)》和行动计划

玻璃产能330万重量箱,累计关停及实施低效产能淘汰企业1972家,节约标煤38.2万吨,减排COD(化学需氧量)2606吨,二氧化硫5127吨。同时,通过抢抓"一带一路"机遇,一方面引导企业加快"走出去"步伐,另一方面引导各区、县将腾出的资源、产能空间用于引进高科技的制造业或服务业项目。两年来,苏州已转移项目109个,腾出土地2.06万亩。

二是"去库存"方面,通过解决区域、结构不平衡的矛盾,促进房地产市场健康有序发展。改革以来,市委、市政府先后出台了《关于进一步促进苏州市房地产市场稳定健康发展的意见》《关于进一步加强房地产市场调控的意见》等文件,坚持"房子是用来住的,不是用来炒的"的定位,围绕"稳房价、控地价、保自住、扶租赁、去库存"目标任务,积

极维护房地产市场健康发展,保持房地产市场平稳有序。两年来,全市商品房共去库存约560万平方米,2017年末全市商品房可售面积为2 794.07万平方米,同比下降6.8%。与2016年10月份相比,商品房成交均价已连续保持16个月不增长,实现了住建部的调控目标要求。全市已开工保障性安居工程24 430套,基本建成27 719套,均超额完成省里下达的任务量。

三是"去杠杆"方面,通过防范系统性、区域性金融风险,更好发挥金融支持实体经济的作用。改革以来,苏州市坚持把降低企业杠杆率作为重中之重,积极发展各种融资手段,推动实体经济的发展,防范金融风险的产生。两年来,全市新增上市公司27家,成为全国第五个境内上市超百家的城市;合计新增首发融资和再融资729亿元;备案私募基金管理机构增至366家,基金总规模达2 424亿元;成功开办了苏州金融租赁股份有限公司,截至2017年底,已向制造业企业累计提供85.25亿元金融服务。同时,苏州通过建立属地负责、统筹协调、分类化解、维护稳定的风险防控机制,积极抵御各类金融风险,2017年底全市不良贷款率仅为0.93%,低于全省0.32个百分点,是全国经济发达地区中信用风险最低的地区之一。

四是"降成本"方面,通过各类减税降费政策的落实,切实减轻企业负担,优化营商环境。两年多来,苏州按照国家、省的要求,并结合自身实际推出了多项降成本政策措施,在降低企业税费、融资、用工、用能、物流、制度性交易成本等方面,切实为企业降本减负。全市通过营改增的全行业覆盖、清理规范行政事业性收费项目、贯彻实施各项社保政策,共减轻企业税收负担约820亿元。通过持续推动"放管服"改革,深化简政放权,将企业制度性交易成本不断降低,提高企业经营效率。

五是"补短板"方面,通过精准发力薄弱环节,推出一批质量好、效用高的公共产品。改革以来,苏州结合当地经济社会发展情况,从"基础设施建设、生态环境治理、产业科技创新、公共服务优化"等四个方面推进补短板各项工作。基础设施建设方面,主要是完善现代综合交通体系,不断强化水利、电力、信息、新能源、城市综合管廊等建设。生态环境治理方面,主要是通过贯彻"263"①专项行动进行环境综合治理,构建低碳、循环、绿色的发展模式。截至 2017 年,共关停化工企业 174 家、低效产能企业 996 家,集中整治城市黑臭水体 54 条、沿江危化品码头 12 个,清理"散乱污"企业 5 446 家、整治提升 5 966 家。产业科技创新方面,主要是加快打造创新载体,加速提升企业创新能力,努力培育科技型企业。两年来共建成 30 家国家火炬计划特色产业基地,打造了 63 个中国名牌、445 个江苏名牌、1 057 个苏州名牌,数量均位居全省第一。公共服务优化方面,主要是以社会治理机制的创新,推动社会、文化、法治等全面发展。健康市民"531"行动、健身步道项目、公共图书馆总分馆体系等重大公共服务项目均得到不断提升。

---

① 2017 年,苏州启动了"两减六治三提升"(简称"263")专项行动。"两减"为减少煤炭消费总量、减少落后化工业产能,"六治"为治理太湖水环境、治理生活垃圾和危险废物、治理黑臭水体、治理畜禽养殖污染、治理挥发性有机物污染和工地扬尘污染、治理环境隐患,"三提升"为提升生态保护水平、提升环境经济政策调控水平、提升环境执法监管水平。

深化"放管服"改革
为市场主体添活力

2015年5月,李克强总理在"全国推进简政放权放管结合职能转变工作电视电话会议"上首次提出:"当前和今后一个时期,深化行政体制改革、转变政府职能总的要求是:简政放权、放管结合、优化服务、协同推进,即'放、管、服'三管齐下。"苏州按照国家、省部署要求,坚持问题导向,聚焦改革的"痛点""难点",多措并举,狠抓落实,系统推进"放管服"改革,有效降低了企业的制度性交易成本,增添了市场主体活力,优化了营商环境。

"放管服"改革由苏州工业园区试点先行。凭借精简、高效的扁平化行政管理体制和良好的亲商服务体系,苏州工业园区2015年3月入选首批国家级相对集中行政许可权改革试点地区。2015年8月,苏州工业园区成立省内首家国家级开发区行政审批局,权力相对集中,服务优化升级,构建起大部门制工作格局和集中审批—分类监管与服务—综合执法的现代基层治理体系。两年多来,苏州工业园区先行先试出诸多成功经验:以"精简统一效能"为原则,推进大部门制机构改革,形成了"一枚印章管审批、一支队伍管执法、一个部门管市场、一个平台管信用、一张网络管服务"的"五个一"治理架构,最大程度地解决了职能交叉、政出多门、多头管理等难题;实施审批流程再造,加强事中事后监管,将114项审批事项分批划转至行政审批局,将原来涉及的近30个处室、90多名审批人员、16枚审批印章,精简为3个处室、30多名审批人员、1枚审批印章,大幅降低了企业制度性交易成本,"一枚印章管审批"成功经验在全省推行;探索推进"不见面审批"模式,实施"2333"①改革。强化智能协同服务,探索建立"互联网+政务服务"新模式,综合运用大数据、云计算、物联网等手段,建立了"三库""三通"②的"城市大脑";推动网上大厅、实体大厅线上线下相互融合,跨区域、跨部门、跨层级政务服务相互协作,实现了让信息"多跑路",让企业和群众"少跑腿";"工业企业资源集约利用信息平台"汇集工商、质监、税务、环保、安监、人社等多部门信息;"社会信用信息平台"包含了企业90个维度的数据,形成企业"信用身份证",并覆盖园区所有企业。随着政府职能的加快转变,市场活力动力得到有效激发,近3年苏州工业园区每年新增各类市场主体约1.5万家。

2015年8月,苏州工业园区成立省内首家国家级开发区行政审批局

---

① 即开办企业2个工作日、不动产登记3个工作日、工业建设项目施工许可33个工作日内完成。
② 即人口库、法人库、地理信息库和政务通、居民通、企业通。

"放管服"改革在全市积极推进。2016年11月,苏州市成为省定第二批相对集中行政许可权试点地区,苏州市本级、张家港市、昆山经济技术开发区和张家港保税区的改革试点方案分别于2017年6、7月获省委、省政府批复同意。2017年7月,市委、市政府举行全市"放管服"改革工作推进大会暨市行政审批局成立揭牌仪式。首次将13个部门的51个审批事项,按"成熟一项、划转一项"的原则稳步划转至市行政审批局,由市行政审批局集中、统一行使审批职能,实行"一枚印章管审批"。苏州以相对集中行政许可权试点地区为着力点,全面落实"放管服"改革各项举措,切实增强群众和企业的获得感。

一是建立了阳光高效的审批体制。2017年4月,苏州市委、市政府出台《关于深化行政审批制度改革加快简政放权激发市场活力的实施意见》,推进审批监管扁平化、便利化、规范化。做好"放管服"改革等涉及的规章、规范性文件清理工作,对现行有效的456件市政府规范性文件进行了全面清理,废止149件,宣布失效22件。按照"下放是原则,不下放是例外"的要求,大力度削减行政审批事项。市政府印发《苏州市相对集中行政许可权改革试点工作实施方案》《法律法规规定仅限市级行使的行政审批事项》《省级委托市级行使的行政审批》《属地原则、分级行使的行政审批事项》等7张清单,并对下放的220项市级经济管理权限的赋权、对接、监管等具体工作作出明确要求,进一步破除了县市区"大人穿小衣""小马拉大车"的困境。清理完成国务院和省取消的职业资格以及市级设置的各类资格证书,开展对涉企违规培训及收费、资格证书挂靠和乱培训、乱发证、乱收费的清理整顿工作。推动非税收入征管考核、收费巡防和票据年检"三检合一",精简行政事业性收费项目14项,涉企项

目 11 项,有效降低了企业经营负担。规范涉企专项资金,对行政事业性收费进行信息化监管,收费清单实行动态管理。推广应用网上企业名称登记、简易注销工作,全面落实放宽市场主体住所(经营场所)登记条件政策,推进登记全程电子书试点,大幅提升了登记管理的信息化、智能化和便利化水平,使数十万家企业享受到了政策便利,降低了创业成本。

二是建立了简约便捷的公共服务模式。构建完善"'互联网+'政务服务"平台,促进公共安全、城市管理、社会民生等行业数据库建设,与阿里巴巴集团合作,启动建设"城市大脑"。全面融入省政府服务"一张网",各类政务服务事项均在"一张网"上开通网上办理渠道,基本完成与省 EMS 平台对接。截至 2017 年底,省政务服务网站苏州地区累计访问量突破千万人次,App 下载量超 20 万人次;省 12345 平台交办件按时办结率 100%,满意率 91.6%,名列全省第一;全面、超额完成省政府提出的 80% 的审判服务事项"网上办"的目标。大力推进"不见面"审批服务,通过"在线咨询、网上申请、网上审批、网端推送、快递送达"的办事模式,大幅度提升了"不见面审批"事项占比。推进"3550"①改革,启动企业名称自主选择系统,推进"多证合一、一照一码"改革,设立开办企业登记"一窗受理",方便群众办事创业;通过提前介入、多图联审等措施,大幅减少施工许可审批环节和办结时间。开办企业从名称核准、注册登记、刻章到申领发票全程最快 0.5 个工作日办结,不动产登记手续实现 5 个工作日内办结,全流程最快 1.5 个工作日办结,工业建设项目 50 个工作日内即可获得施工许可证。出台《关于开展企业投资项目信用承诺不再审批严格监管试点的工作意见》,探索以政策性条件引导、企业信用承诺、监管有效约束为核心的新管理

---

① 即开办企业 3 个工作日内完成、不动产登记 5 个工作日内完成、工业建设项目施工许可 50 个工作日内完成。

模式。

三是建立了综合有效的监管执法体系。系统实施综合行政执法体制改革,按照中央、省要求,采取"先横向集中,再纵向下放"的形式,初步形成了机构编制划转方案。率先在农业系统组建苏州市农业综合行政执法支队,集中行使农业领域行政处罚和行政强制权。文化市场"同城一支队伍",劳动保障监察和卫生计生领域市县两级执法职能划分等工作率先探索改革。市场监管建立起"一表两清单、两库一平台"的"双随机"抽查机制,工商、质监、食药监等部门"双随机一公开"抽查工作稳步推进。强化信息运用平台,持续实施信用信息"提质扩面"工程,提高数据归集质量和效率。"诚信苏州"网站开通,"涉审中介超市系统"、信用信息企业库和个人库归集等项目积极推进,主要信息源部门实现互联互通,全市93类涉及审批的中介机构建档立案、对外公示;在市公共信用信息服务大厅提供信用服务的基础上,在各市区开设信用服务分窗口,以"多点接件,统一审核"的服务方式,优化办事程序,简化办事环节,提高办事效率。同时,围绕中心工作,细化机关年度考核标准,突出"放管服"方面考核内容,充分发挥绩效考核的"指挥棒"作用。

不断深入的"放管服"改革,有效地激发了经济社会发展的活力和动力。据统计,截至2018年4月2日,苏州市场主体总量突破140万户,达140.06万户,总注册资本57 884.26亿元。其中,私营企业55.16万户,注册资本30 620.77亿元;个体工商户78.5万户,注册资金670.86亿元。苏州市场主体从50万户突破到100万户历时6年半,从100万户突破到140万户仅用了2年1个月,市场主体发展及注册资本总量近几年一直高居全省首位,表现出强劲的发展势头。

调整行政区划优化发展格局

行政区划调整,是一个关系地方经济、社会发展和行政管理效率的重要问题。改革开放以来,为适应经济体制改革、优化城乡发展空间,促进经济社会发展,苏州的行政区划进行了多次重大调整。

一是实行市管县新体制。为开创城乡建设新局面,1983年1月,国务院批准江苏省《关于改革地、市体制调整行政区划的报告》。3月1日,苏州地、市机关正式合并办公,标志着正式实行市管县的新体制。是时,苏州市辖6县(市)4区:沙洲县、常熟市、太仓县、昆山县、吴江县、吴县、平江区、沧浪区、金阊区、郊区。在此背景下,随着经济社会的发展和城镇规模的不断扩大,1986年9月至1995年7月,沙洲县、昆山县、吴江县、太仓县、吴县先后撤县,分别改设省辖县级张家港市(市名张家港,系市境内有名为张家港的港口)、昆山市、吴江市、太仓市和吴县市。

1983年《苏州报》关于苏州实行市管县新体制的新闻报道

新体制以经济比较发达的苏州城市为中心,以周围6县(市)的广大农村为基础,使城市和农村紧密结合起来,构建了有利于城乡融合发展的新局面。

二是建设"东园西区"。苏州改革开放中大力发展"外向型经济",大力引进外资,作为承接投资主体的开发区一直得到市委、市政府的大力扶持。在城区西部:1990年11月,市委、市政府按照国务院"保护古城风貌,加快新区建设"的批复精神,启动了苏州新区的开发建设;1992年3月,郊区划出横塘乡6个村开发建设河西新区;11月,经国务院、国家科委批准,苏州河西新区被确定为国家高新技术产业开发区;2002年9月,市委、市政府调整苏州新区、虎丘区(苏州市郊区于2000年9月更名为虎丘区)行政管理体制,实行"两块牌子,一套班子",进一步发挥高新区的品牌优势,提升区域开发水平和整体竞争力。在城区东部:1994年2月,国务院发出《关于开发建设苏州工业园区有关问题的批复》,同意苏州市和新加坡有关方面合作开发建设苏州工业园区;5月,郊区娄葑和吴县跨塘、斜塘、唯亭、胜浦等5乡镇划归市政府派出机构苏州工业园区管委会管理。到20世纪90年代末,苏州初步形成"古城居中、东园西区、一体两翼"格局。"东园西区"以国家级开发区建设为依托,致力于发展开放型经济,成为苏州经济发展新的增长点和吸收外商投资集中的热点地区,对促进地区经济发展作出了积极贡献。

三是吴县撤市设区。为更好更快地推进苏州经济社会的发展,2000年4月,市委、市政府拟对市区行政区划进行调整。经国务院批准,省政府批复,市政府于2001年2月19日发出《关于撤销吴县市设立苏州市吴中区相城区的通知》,决定撤销吴县市,在苏州城区南部设立吴中区,在苏州城区北部设立相城区。撤销吴县市设立吴中区、相城区,是市委、市政府贯彻国务院关于逐步解决市县同城问题的指示精神,经过充分酝酿作出的重大决策,是优化资源合理配置、促进经济社会发展、加快城市化和现代化进程的重大举措,是苏州朝大城市方向发展的一个重要标志。

四是合并古城三区。为做大做强苏州中心城市,从人口、经济、产业、科技、人才和文化等方面全面提高中心城市的首位度,2012年9月,经国务院、江苏省政府批复同意,苏州市中心城市行政区划调整优化:撤销沧浪区、平江区、金阊区,设立姑苏区。这一重大行政区划调整,既强化了城市管理,又理顺了古城保护机制,在苏州城市发展和古城保护历史上具有里程碑式的意义。10月26日,市委、市政府召开苏州市姑苏区、苏州国家历史文化名城保护区成立大会,姑苏区、苏州国家历史文化名城保护区正式挂牌成立。作为苏州城市"一核四城"发展战略中的"一核",大会提出要把姑苏区建设成为历史文化保护示范区、高端服务经济集聚区、文旅融合发展创新区、和谐社会建设样板区,使之成为苏州的文化高地、旅游高地、科教高地和商贸商务高地。

2012年10月,苏州市姑苏区、苏州国家历史文化名城保护区成立大会召开

五是吴江撤市设区。在古城三区合并的同时,苏州市还进行了吴江撤市设区的区划调整。调整后,苏州城区将直接与上海接壤,此举将

有利于加强苏州中心城市首位度和辐射能力，理顺太湖整体保护开发的体制机制，降低行政管理成本和提高行政效能。2012年10月29日，市委、市政府召开吴江撤市设区大会，吴江区正式成立。撤销吴江市设立苏州市吴江区，使得吴江既保持了县域体制机制的活力优势，又获得了城区功能新的发展优势。吴江区将着力建设"南部现代新城区、优势产业新板块、开放创新新高地、和谐乐居新家园"，进一步放大行政区划调整的积极效应，构筑苏州中心城市接轨上海的新前沿。

2017年末苏州市行政区划和土地面积简表

单位：个

地 区	镇	村	街道	居委会	土地面积（平方公里）
全市	53	1 026	37	1 162	8 657.32
市区	21	436	30	628	4 652.84
姑苏区	—	4	8	168	83.42
吴中区	7	84	6	108	2 231.46
相城区	4	68	7	76	489.96
高新区、虎丘区	2	31	4	57	332.37
工业园区	—	—	4	148	278.19
吴江区	8	249	1	71	1 237.44
县级市	32	590	7	534	4 004.48
常熟	8	215	6	116	1 276.32
张家港	8	153	—	138	986.73
昆山	10	149	—	198	931.51
太仓	6	73	1	82	809.93

注：全市土地面积根据第二次全国土地调查结果调整，土地面积中含太湖、阳澄湖、淀山湖等大型湖泊水域面积。河流、湖泊、滩涂面积占全市土地面积的36.6%。

数据来源：苏州市统计局

改革开放以来,苏州市行政区划的历次调整是伴随着全市经济社会发展而进行的。经过多次优化调整,苏州形成"四市六区"的城市格局,东邻上海、南连浙江、西傍太湖、北枕长江,全市总面积8 657.32平方公里,2017年末全市常住人口1 068.36万人。

县域经济发展水平全国领先

　　苏州县域经济的发展历程是同我国改革开放的伟大实践联系在一起的。改革开放以来,苏州各县(市)抢抓机遇、迎难而上、创新思路、开拓进取,经济发展水平实现了整体提升和飞跃发展。1993 年 12 月 15 日,《人民日报》曾在第一版刊登长篇通讯《苏州跃起六只虎》。这"六只虎"指的是苏州当时下辖的张家港、常熟、太仓、昆山、吴县、吴江 6 县(市)。在由国家统计局评定的首届全国农村综合实力百强县榜单上,苏州所辖 6 县(市)全部入选。时至今日,苏州所辖的张家港、常熟、太仓和昆山的县域经济一直走在全国前列。

　　张家港市位于长江及沿海两大经济带交会处,原名沙洲县。党的十一届三中全会以后,沙洲乡镇工业迅猛发展,成为全县经济的重要支柱。至 1985 年,全县工农业总产值 33.67 亿元,国民生产总值 12.81 亿元,在全省 64 个县(市)中列第五位。1986 年 12 月,张家港市成立大会召开,正式提出"以港兴市、以市促港"的发展战略,在大力发展乡镇工业的同时,利用外资和外贸出口形成新突破,推动外向型经济的发展,全市经济发展取得明显进展。特别是 1992 年邓小平南方谈话发表后,张家港更是瞄准周边先进县(市),提出了"工业超常熟,外贸超吴江,城市建设超昆山,样样工作争苏州第一,乃至全国第一"的"三超一争"的目标,并培育和发扬了"团结拼搏、负重奋进、自加压力、敢于争先"的"张家港精神"。在短短几年里就形成了张家港保税区、经济开发区、沿江开发区、南城开发区和各镇工业区"五区联动"的全方位大开放格局,为规模企业的快速发展搭建了良好的平台,培育形成冶金、纺织、化工、机电、粮油深加工和建材六大支柱产业,涌现出沙钢、永钢、东海粮油、华芳等一批规模企业。进入21世纪,张家港进一步深化对外开放,大力营造个体私营经济发展环境,形成了规模经济、民营经济、外向型经济"三足鼎立"的工业经济发展格局。2003年,全市工业产品销售收入首次突破千亿元大关,2007年成为全省首批GDP突破千亿元的县级市。党的十八大以来,全市紧紧围绕"全面推进港城现代化建设"的总目标,牢固树立"产业决定城市"的理念,以提高经济质量效益为中心,大力推进传统产业提升和新兴产业培育双向并举、先进制造业和现代服务业"两个轮子"驱动,加快新材料、新能源、高端装备"两新一高"产业集群发展,打造张家港经济的"升级版"。2017年全国综合经济竞争力百强县(市)排名中,张家港位列第三。5家企业荣登2017年"中国企业500强",总数列苏州各市(区)第一。

全国首家内河港型保税区——张家港保税区

常熟是国家历史文化名城,自古有"江南福地"之称。20世纪80年代初,常熟在搞好农业生产的同时,大力发展乡镇工业,走出一条"离土不离乡,进厂不进城,亦工又亦农,集体同富裕"的"碧溪之路"。1984年碧溪乡跨入了江苏省首批"亿元乡"行列,农民人均收入768元,比1978年的236元增长2.25倍。1985年,琴南乡办起招商场,带动了常熟纺织服装产业和个体私营经济的发展。常熟市委、市政府把发展个体私营经济作为全市经济工作的重点来抓,除琴南乡兴办招商场外,1995年前后,古里镇开办圆机市场,梅李、兴隆开发了私营经济小区,碧溪建立羊毛衫市场,常熟依托这些市场和工业小区打造特色产业集群,推动个体私营经济的发展。不少个体私营企业从纺织、服装业向机械、冶金、化纤、食品、装饰等行业转移。全市民营品牌经济亮点突出,涌现出波司登、隆力奇、梦兰等一大批中国驰名商标。进入21世纪,常熟积极调整和优化工业结构,走新型工业化道路。在大力发展民营经济的同时,全市招商引资量质并举,鼓励企业进入园区发展,打造产业集聚区和延伸产业链,全面提升工业发展的质量。一大批科技含量高、具备现代产业特点的外资企业落户常熟,形成了汽车及零部件、生物医药、新能源、新材料等产业基地。"十一五"期间,常熟工业规模继续扩大,2010年工业总产值是2006年的1.69倍,平均年增长率为15.6%。党的十八大以来,常熟坚持"工业立市"的基本方略,围绕"以

1985年5月,江苏省第一家乡村农民集资兴办的市场——常熟招商场正式开业

工业经济为主、以主导产业为主、以骨干企业为主"的发展导向,全市工业转型升级步伐加快,逐步形成了以纺织服装、装备制造和汽车及零部件三大产业为主导,以电子信息、新能源、生物医药等战略性新兴产业为支撑,冶金、化工、造纸等传统产业并存的现代工业体系。2016年,常熟实现地区生产总值2 112.39亿元,成为全国4个超2 000亿元的县级市之一。2017年全国综合经济竞争力百强县(市)排名中,常熟位列第四。

太仓素有"锦绣江南金太仓"的美誉,是江苏省内唯一既沿沪又沿江的县(市)。乡镇工业的迅速崛起,推动了太仓经济的高速发展。到20世纪90年代初,太仓以工业为支柱、三次产业联动发展的经济新格局基本形成。1993年太仓撤县建市,随之提出"科教兴市、以港兴市、外向带动"的发展战略,加快推进以"四区四通"(经济开发区、港区、各工业小区和老城区改造,大交通、大流通、大通信、通水电)为主的基础设施建设,大大增强了对外资的吸引力。全市逐步形成以外向型经济为突破口、多种经济成分共同发展的新态势。自1993年第一家德国企业克恩-里伯斯落户太仓之后,德资企业快速聚集并催生了德资工业园的建立。太仓逐渐成为全国德资企业密度最高、发展最好的地区之一,

太仓港跃升为长江集装箱运输第一大港

形成了以精密机械加工、汽车配件制造、新型建筑材料为主体产业的先进制造业基地,被誉为"中国德企之乡"。21世纪之初,太仓把"争先进位、跨越发展"作为工作的新起点,充分发挥"沿江沿沪"的独特区位优势,把做好"以港强市""接轨上海"两篇文章作为加快经济发展的重中之重,大力发展开放型经济和民营经济。"十一五"期间,"两篇文章"成绩优异。港口发展跃上新台阶:2010年港口货物吞吐量达8000万吨,集装箱吞吐量220万标箱,年均分别增长39.6%和54.3%,对苏南经济发展发挥了积极作用。接轨上海成效凸显:建立上海招商平台,共引进沪上项目535个,总投资额155.44亿元,约占全市引进内资的30%。党的十八大以来,太仓坚持做好"以港强市、融入上海、中德合作"三篇特色文章,重点发展新材料、新能源、高端装备制造、生物技术和新医药、新一代信息技术五大新兴产业,不断提升发展精密机械、纺织化纤服装、电力造纸、金属加工、石油化工五大传统产业。全市工业总量稳步增长,质量效益明显提升,工业整体实力不断增强。2017年全国综合经济竞争力百强县(市)排名中,太仓位列第六位。

20世纪80年代初,昆山在当时苏州地区的6个县(市)中排名最后,被称为苏州的"小六子"。改革开放之初,特别是苏南地区利用内资发展乡镇企业时,昆山创造性地自费开辟工业小区,自费创办开发区,从而在开放型经济发展过程中抢占先机。1985年至1991年,昆山实际利用外资额分别占苏州市和江苏省利用外资总额的1/2和1/5左右。邓小平南方谈话之后,昆山紧紧抓住"浦东对外开发开放"、"沿江重点发展"和"昆山开发区进入国家级开发区序列"等重大机遇,大力实施外向带动战略,招商引资取得迅猛发展,外资开始成为昆山经济增长的主要动力。1997年亚洲金融危机之后,昆山市委、市政府作出"主攻台资"的重大决策,大规模引进台湾电子信息产业,使昆山很快成为国内重要的电子信息产业基地之一。台资电子产业在昆山的集聚,促

全国第一家自费创办的县级经济技术开发区——
昆山经济技术开发区开发建设场景

进了昆山民营配套企业的成长。昆山经济开始步入以电子信息、精密机械制造等为主导的产业发展新阶段。党的十六大后,昆山创新招商举措,实现从招商引资到招商选资转变,成功引进了龙腾TFT-LCD、德芯电子、台湾明光等一批龙头型项目,推动全市产业向高端化发展。同时,大力引进研发机构。中创软件、浦东软件园昆山分园、中关村软件园、清华科技园等一批国内外软件研发项目相继落户昆山。在坚持外向带动主战略的基础上,昆山大力实施民营经济赶超战略,独辟蹊径,利用外向配套发展民营经济,培养出大量的民营企业。昆山经济逐步实现由依靠外资带动为主向内资外资竞相发展的转变。党的十八大以来,昆山积极践行"五大发展理念",坚持以开放促发展、促创新、促转型,不断推动开放型经济迈上新台阶。进一步做强做优电子信息、装备制造等支柱产业,着力推进新材料、新能源、生物医药新兴产业规模化发展,重点打造光电、半导体、小核酸及生物医药、智能制造四大高端产业。2016年,昆山完成地区生产总值3 160.29亿元,一般公共预算收入318.92亿元,成为全国首个GDP突破3 000亿元、财政收入突破300亿元的县级市。2017年,昆山位列全国中小城市综合实力百强县市、投资潜力百强县市、创新创业百强县市、新型城镇化质量百强县市"四个第一",连续13年位居全国百强县首位。

古城保护与改造的"苏州智慧"

苏州是一座有着2 500多年历史的古城,目前仍然坐落在春秋时期的原址上,保持着"水陆并行、河街相邻"的双棋盘格局和"小桥流水、粉墙黛瓦"的独特风貌,拥有众多古典园林、文物古迹、历史建筑和优秀的地方文化艺术。1982年2月,苏州被国务院评为第一批历史文化名城。

多年来,特别是改革开放以来,苏州在全力加快经济发展的同时,始终不渝抓好古城保护的各项工作。1982年,苏州制定《苏州市城市总体规划(1985—2000年)》,明确苏州城市建设方针是"全面保护古城风貌,积极建设现代化新区",确定古城风貌范围为"一城二线三片"。一城,即护城河以内的苏州古城;二线,即山塘街、山塘河和枫桥路、上塘河;三片,即虎丘、枫桥镇和留园西园。1988年9月,市委、市政府在《苏州市城市总体规划(1985—2000年)》的基础上,进一步提出古城保护"两个保持、两个保护、两个继承"的要求:保持苏州古城三横三竖一环的水系和小桥流水的水巷特色,保持路河并行的城市双棋盘格局和道路景观;保护苏州的古典园林、文物古迹和古建筑,保护和改善古城的环境面貌;继承发扬古城环境空间处理手法和传统的建筑艺术特色,继承发扬优秀的地方文化艺术。为使苏州古城的保护与更新有计划、有步骤地展开,苏州将古城14.2平方公里的区域按河道和街巷划分为大小不等的54个街坊,并先后组织编制了古城54个街坊中的7个街坊的控制性详细规划,进行了十梓街50号旧宅院(37号街坊东南部)的改造试点,对桐芳巷地区(12号街坊西南部)进行古街坊成片改造试点,制订了寒山寺、石湖、盘门三个景区的建设规划。在此阶段,苏州古城保护以《苏州市城市总体规划(1985—2000年)》的编制和苏州建城2 500周年等重大工程和活动为契机,积极探索,全面发动,逐步从零星、分散、抢救状态走上有规划、有方案、有步骤的正常轨道。

1998年,苏州古城区解危安居工程试点之一——37号街坊改造完成

1990年以后,市委、市政府面对苏州经济社会高速发展与古城保护之间的矛盾,决定在城西建设新区,在城东开发建设苏州新加坡工业园区,形成了"东园西区、古城居中、一体两翼"的布局,有效缓解了古城区的压力。1995年11月,在全面保护古城风貌的前提下,按照"重点保护、合理保留、普遍改善、局部改造"的原则,苏州启动建设古城街坊解危安居工程。街坊解危安居工程妥善地保护了苏州特有的传统风貌,体现了当地文化,又完善了基础设施,很好地处理了保护与更新的

关系,不但得到市民的一致认可,也得到国内外相关专家的充分肯定。古城街坊的保护与更新是一项带有开拓性的工作,不但在实践上具有示范作用,而且在学术理论上也具有重要意义。同时,对古城中心的观前街商业地区及盘门景区进行整治改造。这一时期,伴随着古城保护规划重新修编、苏州古典园林被列入《世界遗产名录》、成功举办"中欧历史城市市长会议"等重大事件,苏州古城保护的理念、思路以及土地使用模式调整、产业结构优化、城市基础设施建设、环境综合整治等方面都有了较大的提升。

旨在塑造"东方水城"特色的环古城风貌保护工程于2004年竣工

21世纪以来,苏州古城保护范围从点线片扩大到历史街区整体筹划,保护深度从建筑实体、布局、风貌到自然、人文环境以及特色营造综合发展,保护目标从抢救修缮到保护更新利用、功能完善、惠及民生,全面优化提升。苏州先后出台了《苏州市古建筑保护条例》《苏州市历史文化名城名镇保护办法》《苏州市城市紫线管理办法》《苏州市古建筑抢修保护实施细则》《苏州古村落保护办法》等，强化古城保护的法律地位和依法保护的权威性。

　　为加强古城保护和优化古城功能，苏州按照先急后缓、先濒危后一般、先抢救后建设的步骤，分阶段实施重点工程项目。2002年5月，旨在塑造"东方水城"特色的环古城风貌保护工程正式开工。环古城风貌保护工程是以苏州古城外城河为界面，在河两侧纵深100至150米范围内建设集古城保护、市政交通、生态绿化、景观旅游、防洪排涝为一体的一项综合性基础设施工程。该项目占地面积约390公顷，总投资约50亿元，于2004年第28届世界遗产会议召开前夕竣工。山塘历史文化街区素以历史风貌的完整性和历史文化内涵的丰富性而著称，是苏州城市总体规划确定的历史街区，核心保护区规划用地136.75公顷，文物古迹和历史建筑的用地面积达到保护区内建筑总用地的70%以上。2002年6月，山塘历史文化保护区保护性修复工程开始实施，按照"保护风貌、修旧如旧"和"分级分类保护"的原则，采取"渐进式、微循环、小规模、不间断"的保护性修复方式，以"先挖掘再规划，先规划再试验，先试验再推开"的步骤推进，该项目于2003年9月完成修复试验段工程，到2004年第28届世界遗产会议召开前夕完成第二期工程。2010年，山塘街被评为"中国历史文化名街"。平江历史街区位于苏州古城东北隅，面积约116.5公顷，距今已有2500多年的历史，是苏州现存最典型、最完整的历史文化街区之一。平江历史文化街区保护与环境整治工程自2003年2月开始实施，把环境整治和秩序整治作为重中之重，通过整治有效消除了有碍传统风貌的建筑物和景观，原汁原味地展现了平江路的双棋盘格局和苏州传统的小桥、流水、人家的水乡风貌。到2004年第28届世界遗产会议召开前夕，27户单位、390多户居民搬迁出历史街区，基础设施、市政建设、房屋修缮、环境整治等取得了阶段性成果。2009年，平江路被评为"中国历史文化名街"。苏州古城墙是苏州历史文化名城最具风貌特色和历史价值的标志性建筑之一。2011年9月，苏州正式实施古城墙保护修缮工程，将相门段、阊门北码头段、平门段作为三个保护试点区段，于次年9月完成修复工程。苏州古城墙娄门段、姑胥桥段和齐门段作为保护修缮二期工程，于2013年底正式竣工，并免费向市民开放。

为加快构建统一的历史文化保护体系，进一步健全历史文化名城保护制度，更好地保护苏州古城历史格局、传统风貌和优秀传统文化，2012年8月，苏州市设立苏州国家历史文化名城保护区，将姑苏区整体纳入保护范围，着力建设"历史文化保护示范区、高端服务经济集聚区、文旅融合发展创新区、和谐社会建设样板区"，使之成为文化高地、旅游高地、科教高地和商贸商务高地。保护区管委会为古城保护和规划、历史街区景区管理、文化商旅发展等，设置相应的工作机构，全面履行历史文化名城保护的综合管理职责。

党的十八大以来，市委、市政府更加重视古城保护与发展，提出既要做好古城的守护者，又要当好发展的开路人，坚持古城与本土生活两相宜，既保护历史文化资源的文化价值，又挖掘经济价值和生活价值，做好"整体保护与有机更新、特色塑造与品质提升、环境治理与设施配套、民生改善与社会和谐、业态转型与文化兴盛"五篇文章，通过城市"微更新"、存量空间利用改造等方式，让历史建筑、传统街巷成为居民向往的生活空间，使古城更有温度、更显吸引力。一是完善古城保护机制，出台了《关于加强苏州历史文化名城保护和管理的意见》，成立了市级历史文化名城保护工作领导小组，并设立每年2亿元的古城保护基金和5 000万元的古城产业转型升级基金。二是构建古城保护体系，《苏州国家历史文化名城保护条例》《苏州市古城墙保护条例》两部重要的古城保护地方性法规于2018年3月正式实施，编制和修订了《苏州历史文化名城保护规划（2013—2030）》《古城街坊控制性详规》《历史文化名城保护"十三五"专项规划》，明确古城保护整体蓝图。三是实施古城保护示范工程、违法建设专项整治工程、老旧区域环境改善提升工程、交通综合整治工程、城中村环境综合整治工程、河道截污清水工程六大工程，推动实现历史文化名城保护示范显现、文化旅游融合不断彰显等目标。至2017年底，累计拆除违法建设4 842处，面积约8.11万平方米，老旧区域环境改善提升工程投入1亿元，污水管网完善及修复工程投入1亿元，综合整治12个小区、20条道路与街巷，启动6个城中村（无地队）改造。同时，对部分特色街巷和历史街区进行街景亮化、立面见新、市容提升，对4条背街水巷进行整治改造。苏州古城保护与更新工作正向着产业转型、活态保护、功能提升、文旅融合等全新范畴和更高层次延伸。

着力保护文化遗产
打造苏州世界遗产城市品牌

苏州是著名的历史文化名城,拥有众多历史文化遗产和非物质文化遗产。多年来,苏州市把申报世界文化遗产项目作为重要抓手,以申遗促保护,以保护促发展,增强全社会保护历史文化遗产的意识,使历史文化遗产得到更好的保护与继承。

苏州古典园林被列入世界文化遗产名录。苏州古典园林具有深刻的文化艺术内涵,其数量之多、艺术造诣之精,在中国乃至世界古典园林史上都居于前列。改革开放以来,古典园林经历了从保护、恢复到发展、提高的过程。20世纪80年代初,苏州对古典园林走出国门、落户海外进行了初步尝试。1991年,又对园林内部的家具、匾额、楹联等建立了详细的档案。

从1994年下半年始,全市开展了以拙政园、留园、网师园、环秀山庄为典型例证的苏州古典园林申报世界文化遗产工作。市园林局依据联合国教科文组织制定的《保护世界文化和自然遗产公约》有关条文及国家文物局有关要求,从历史、科学、艺术等多方位、多层次地对苏州古典园林进行了系统的研究总结,完成了各种申报资料,并对古典园林的内外环境进行了积极整治,使之达到世界遗产的要求。1996年,苏州市又出台《苏州园林保护和管理条例》,为古典园林申报世界遗产奠定了法律基础,同时通过媒体等多种途径,对公众开展世界遗产的宣传、教育活动,使世界遗产的理念深入人心。1997年12月,在联合国教科文组织世界文化遗产委员会21届理事国全体委员会议上,表决通过了将苏州古典园林被列入《世界遗产名录》的议程,苏州古典园林申报世界文化遗产圆满成功。

从1998年起,苏州市开始以沧浪亭、狮子林、艺圃、耦园、退思园作为扩展申报的项目组织申报工作。2000年11月,联合国教科文组织第24届世界遗产委员会会议正式批准将扩展项目列入《世界遗产名录》。苏州古典园林被列入《世界遗产名录》,使苏州古典园林走上国际舞台,纳入国际化管理轨道,成为苏州的一张"国际名片"。

联合国教科文组织第28届世界遗产委员会会议在苏州召开

成功举办第28届世界遗产会议。2003年7月举行的联合国教科文组织第27届世界遗产委员会会议决定,第28届世界遗产委员会会议于2004年6月下旬在中国江苏省苏州市举行。

2004年6月28日至7月7日,联合国教科文组织第28届世界遗产委员会会议在苏州召开,来自世界100多个国家和地区的500多名代表参加了会议。世界遗产委员会会议每年举行一次,主要决定哪些遗产可以列入《世界遗产名录》,对已列入名录的世界遗产的保护工作进行监督指导。此次是该项会议首次在中国举办,也是世界遗产委员会会议有史以来参会人数最多、会期最长、议题最多的一次。中国国家主席胡锦涛为大会发来贺词,向会议表示祝贺。本届会议的口号是"保护世界遗产,促进共同发展"。会议审议通过了 34 项新提名的世界遗产;讨论更新了《濒危世界遗产名录》;对《凯恩斯决议》作出重要修改,即从 2006 年起,《保护世界文化和自然遗产公约》每个缔约国每年申报的世界遗产项目从 1 项改为最多 2 项,其中至少有 1 项是自然遗产;通过了《世界遗产青少年教育——苏州宣言》,该宣言呼吁与会各国将青少年作为世界遗产保护教育的重点,积极向青少年提供有关服务和指导。为纪念 6 月 28 日这个特殊的日子,苏州市将每年的此日定为"遗产保护日"。

大运河苏州段被列入世界文化遗产名录。苏州古城申遗启动于 2004 年,并被顺利列入中国世界文化遗产预备名单,核心点段包括盘门、平江路、山塘街。2008 年 3 月,中国大运河保护和申遗正式启动。2010 年,国家启动中国大运河申遗文本编制,苏州市经过深入系统研究,调整战略,把古城申遗并入大运河申遗,并提交相关建议,被国家文物局和世遗专家采纳。根据 2012 年确定的最终申遗文本,苏州的运河遗产包括运河故道和 7 个点段,河道包括城区故道(山塘河、上塘河、胥江、环古城河)和现京杭运河苏州至吴江段等河道,遗产点包括山塘历史文化街区、虎丘云岩寺塔、平江历史文化街区、全晋会馆 4 个运河相关遗产和盘门、宝带桥、吴江古纤道 3 个运河水工遗存,形成了以古城为核心的完整遗产体系。在 2014 年 6 月召开的联合国教科文组织第 38 届世界遗产委员会会议上,中国大运河被成功列入《世界遗产名录》,大运河苏州段随之被列入《世界遗产名录》。苏州是大运河沿线唯一以"古城"概念申遗的城市。

目前,江苏、浙江两省的 14 个古镇正联合申报世界文化遗产项目

"江南水乡古镇",苏州占有9席①。2018年,苏州成为世界遗产城市组织中国唯一的正式会员城市,并获得世界遗产城市组织颁发的"世界遗产典范城市"称号。

积极推进非物质文化遗产走向世界。 昆曲发源于苏州,原称"昆山腔",简称"昆腔",是苏州市传统剧种,也是中国汉族传统文化艺术,清代以来被称为"昆曲",现又被称为"昆剧"。20世纪80年代,文化部成立振兴昆剧指导委员会,并集中在苏州等地举办4次昆剧培训班,采取录像、师生传授、文字记录三同步办法,抢救继承昆剧传统剧目133折。1993年,昆山建昆曲博物馆,成立昆曲艺术研究会。进入21世纪,苏州市以"节、馆、所、院、场"和"中心、学校、活动、传播、法规"为支点,构筑对昆曲的生态性保护工作体系,使昆曲艺术走向全国,走向

昆曲走进学校,让青少年走近昆曲、传承昆曲

---

① 这9个镇分别为周庄、甪直、同里、沙溪、锦溪、震泽、黎里、千灯、凤凰。

年轻人,走向国际舞台。2001年,联合国教科文组织首次公布19项人类口述和非物质遗产代表作①,昆曲以全票通过而被列入其中。2003年,以虞山派为主要流派的中国古琴又被列为第二批人类非物质文化遗产代表作。2009年,端午节(包括苏州端午习俗)、中国传统蚕桑丝织技艺(包括苏州的宋锦、缂丝)和中国传统木结构营造技艺(包括苏州的香山帮传统建筑营造技艺)等4个项目被列入人类非物质文化遗产代表作名录。

  这些年来,苏州不断构建较为完善的非物质文化遗产政策法规体系和分级保护名录、项目传承人体系,设立非遗保护专项资金,社会力量也积极参与非物质文化遗产保护。《苏州市非物质文化遗产保护条例》2014年1月正式实施,为非遗保护工作的可持续发展提供了方向性指引和有力的法律保障。一批市级以上非物质文化遗产项目代表性传承人获赠专属保险,成为全国首创。至2018年5月,苏州国家级非遗传承人的总数达50位,数量位居全省第一。

---

① 2003年改名为人类非物质文化遗产代表作。

开发区从产业集聚向能级提升转变

开发区是苏州最大的特色和亮点,早在1985年,昆山就自费创办了全国首个县级开发区。20世纪90年代初,党中央作出开发开放上海浦东新区的决策,邓小平发表南方谈话,全国掀起大开发、大开放的热潮。苏州市委、市政府审时度势,制定了"依托上海、接轨浦东、迎接辐射、发展苏州"的战略方针。

1992年,苏州的昆山经济技术开发区、太湖国家旅游度假区、张家港保税区和国家高新技术产业开发区成功获批国家级开发区。1993年,省政府正式批准张家港、常熟、太仓、吴县、吴江5个经济开发区,以及太仓浏家港口开发区(后更名为太仓港港口开发区)和浒墅关经济开发区为省级开发区。1994年2月,中国和新加坡政府决定合作开发苏州工业园区,同年7月,省政府批准昆山和吴江汾湖的两个旅游度假区为省级开发区。1995年10月,常熟农业综合开发区获批省级开发区。进入21世纪后,随着不断的发展和提升,苏州又有7个原省级开发区升级成为国家级开发区。截至2017年底,苏州共拥有14个国家级开发区、3个省级开发区和7个综合保税区,是拥有国家级开发区数量最多、种类最全的地级市。

苏州的开发区建设经过30多年的发展,从无到有、从小到大、从大到强,不仅注重形态开发,也注重功能开发的提升。从20世纪90年代中期开始,苏州开发区的发展开始全面转变提升。一是从硬件开发向软件开发转变。开发区原有的运作模式是以硬件开发为核心,主要以

苏州 14 个国家级开发区

分类	开发区名称	设立年份
国家级经济技术开发区 9 家	苏州工业园区	1994 年批准设立,同年 5 月实施启动
	相城经济技术开发区	2014 年,升级为国家级经济技术开发区
	吴中经济技术开发区	2012 年 12 月,升级为国家级经济技术开发区
	吴江经济技术开发区	2010 年 11 月,升级为国家级经济技术开发区
	浒墅关经济技术开发区	2013 年,升级为国家级经济技术开发区
	昆山经济技术开发区	1992 年 8 月,获批为国家级经济技术开发区
	常熟经济技术开发区	2010 年 11 月,获批为国家级经济技术开发区
	太仓港经济技术开发区	2011 年 6 月,升级为国家级经济技术开发区
	张家港经济技术开发区	2011 年 9 月,升级为国家级经济技术开发区
国家级高新技术产业开发区 3 家	苏州国家高新技术产业开发区	1992 年 11 月,获批为国家高新技术产业开发区
	常熟高新技术产业开发区	2015 年 9 月,升级为国家高新区
	昆山高新技术产业开发区	2010 年 9 月,获批成为国内首家设在县级市的国家级高新技术产业开发区
国家级保税港区 1 家	张家港保税区	1992 年 10 月获批,是全国首家内河港型保税区,唯一的区港合一的保税区
国家级旅游度假区 1 家	苏州太湖国家旅游度假区	1992 年 10 月,经批准建立的全国 12 个国家级旅游度假区之一

土地出售或标准厂房出租为主的房东经济运行模式。随着"大众创业、万众创新"成为经济新一轮发展的新引擎,苏州开始向通过打造研发中心、创客空间、孵化器、加速器等一系列服务平台,为创新创业者提供从产品开发、资产孵化、客户融资到专业辅导、人员培训、物业运营等的完整的产业链配套服务的软件开发发展模式转变。二是从同质发展向特色发展转变。苏州开发区之间同质化发展、过度竞争的问题一直较为突出。一个项目往往几个开发区抢夺、争相让利,形成内耗,从长远看不利于产业和经济健康持续发展。苏州围绕城市整体发展的战略部署、基础与条件、资源环境承载力、发展潜力,引导各开发区结合自身资源禀赋,在细分领域和行业中确定自己的主攻方向,集中力量、集聚资源、集成政策,拿出"十年磨一剑"的定力,努力形成各有侧重、多元并举、相互配套、特色发展的新格局。三是从行政推动向市场配置转变。开发区设立之初,国内市场经济体制也刚刚起步,需要依靠强力的行政推动和优惠政策刺激,加速资源要素的集聚组合。经过多年的发展,市场经济体制已逐步完善,开发区自身发展也日益成熟。开发区集中精力搞好规划布局、产业定位等顶层设计,逐步将基础设施建设、招

苏州工业园区金鸡湖夜景

商引资工作、各类创新创业载体运营乃至更多一般性的经济职能,通过政府购买服务的方式,外包交付给更具专业资质的企业承担,以更好地发挥出市场在集聚创新资源、加快推动转型升级上的决定性作用。

苏州的开发区经过30多年的发展,已经取得了阶段性的历史成就。2017年,苏州17家省级以上开发区国内生产总值达到1.2万亿元,开发区以7.2%的占地面积,创造了全市近50%的地方公共财政预算收入、60%的工业总产值、70%的地区生产总值、80%以上的进出口总额和实际利用外资。开发区对全市经济社会发展的支撑、引领、辐射和带动作用日益突出,已成为苏州经济发展的增长极。

开发区已成为开发开放的新载体。2017年,苏州开发区实现外贸进出口总额2 805.2亿美元,增长16%,占全市88.8%;实际使用外资39.6亿美元,占全市87.9%。各开发区主动融入"一带一路"建设,大力拓展开放空间,拓宽开放领域,在建设国家级境外投资服务示范平台、完善口岸功能、发展外贸新兴业态、优化进出口商品结构等方面发

苏州高新区

挥了重要作用。苏州高新区积极推动苏州中欧国际班列建设,口岸功能日趋完善。

开发区已成为科技创新的新阵地。全市 75% 以上的高新技术企业,95% 以上的技术先进型服务企业,80% 的外资独立法人研发中心集聚在开发区。开发区内高新技术企业产值、高新技术产品出口额双双占开发区比重的 50%。引进了中科院纳米所、中科院医工所、浙大工研院、清华大学汽车研究院、张家港智能电力研究院、国家专利审查江苏协作中心等一批重大科技研发和成果转化平台。2017 年,全市开发区高新技术企业数量达到 3 580 家,实现工业总产值 9 076 亿元,增长 9.4%;开发区全社会 R&D(研究与开发)投入占 GDP 比重达到 3.1%;新增高新技术创业服务中心(孵化器)35 家,累计达到 116 家。人才高地逐步形成,全市开发区累计引进国家"千人计划"人才 232 人,占到全市的 97.9%,入选国家、省、市人才总数占全市比重超过 9 成。各开发区中,昆山开发区大中型企业及高新技术企业研发机构建有率超 90%;吴江开发区累计建成 8 家国家级博士后科研工作站;张家港经济技术开发区突出半导体(LED)、绿色能源、智能装备三大创新主导产业方向,加快打造三个百亿级产业集群;太湖旅游度假区新兴产业招商成效明显,初步形成文化创意、信息科技、旅游服务等新兴产业链。苏州工业园区、苏州高新区跻身国家创新型科技园区行列,独墅湖科教创新区、中新生态科技城、苏州高新区科技城等创新载体不断完善。

开发区已成为产城融合的主阵地。各开发区注重产业发展与城市功能融合发展,通过建立特色产业园不断促进开发区特色功能的开发,不断推进产城融合。苏州工业园区围绕建设国际化、现代化、园林化、信息化城市的目标,重点打造了独墅湖科教创新区、环金鸡湖商业文化中心、苏州工业园区国际商务区、阳澄湖旅游度假区等功能服务区,在城市和产业的协调联动、融合发展中形成"双提升、一体化"的格局,走出了一条新型工业化与城市现代化有机结合的新路子。苏州高新区打造以狮山、枫桥、横塘为组团的,集金融商贸、文化旅游、休闲观光、高品质居住于一体的狮山主城片区;以浒墅关经济开发区、浒墅关镇、通安镇为主的,集生产、生活、生态、文化相配套的浒通片区;以科技城和西部生态城为主的,集科技、人文、生态于一体的湖滨片区。三大片区体现产城融合,共同发展繁荣的景象。

开发区已成为政府管理机制改革的示范区。体制机制的优势是开发区最大的优势,也是重要的活力源泉。开发区本着"小政府,大社会"的原则,不断推进管理体制的改革。一是创新经济管理机制。在简政放权,深化行政审批和投融资改革,大部制改革,推进金融、教育、文化、医疗等服务业领域向外资有序开放等多个方面,大胆创新,不断突破,努力创造公平竞争的市场环境、规范健全的法制环境、优质高效的服务环境,始终保持对国内外投资的吸引力。二是创新开发建设机制。积极推行公司化运作模式,对一般性的经济事务,如公共工程代建、招商引资、资产运营、公共平台服务代理等,参照深圳蛇口与上海漕河泾、闵行等开发区模式,交由专业化的公司和机构承担,更好发挥市场配置资源的作用。三是创新社会管理机制。在民生和社会管理等方面赋予开发区更多创新权限。鼓励其借鉴国际经验,在社会管理领域继续探索"小机构,大服务"的发展之路,借助服务贸易创新发展试点,进一步发挥对外开放在提升城市医疗、教育、交通、环境等公共服务领域的积极作用,探索如何通过打造一批开放类的特色小镇,营造高水准的城市生活环境,吸引人才安居乐业。

苏州工业园区成为中国对外开放重要窗口

1992年邓小平在南方谈话中指出:"社会主义要赢得与资本主义相比较的优势,就必须大胆吸收和借鉴人类社会创造的一切文明成果,吸收和借鉴当今世界各国包括资本主义发达国家的一切反映现代社会化生产规律的先进经营方式、管理方法。"他还特别谈道:"新加坡的社会秩序算是好的,他们管得严,我们应当借鉴他们的经验,而且比他们管得更好。"邓小平的这一谈话,引发了全国各地学习新加坡的兴趣。新加坡方面也同时积极予以回应,主动提出要和中国政府合作开发建设类似新加坡裕廊工业镇那样的工业园区项目,中央领导对此也表示肯定和支持。

在这千载难逢的历史机遇下,江苏省委、省政府和苏州市委、市政府积极向党中央、国务院争取,终于在1994年2月,获得国务院正式批复同意建立苏州工业园区。

按照中新两国政府签署的协议,双方将在苏州城东,按照统一规划、分期开发的精神,建设一个以高新技术为先导、以现代工业为主体、第三产业和社会公益事业配套的具有一定规模的现代化工业园区。园区行政区划面积为278平方公里,其中,中新合作区80平方公里(1994年,国务院批复中新合作区面积为70平方公里,同年,省政府批准将娄葑乡和跨塘镇、斜塘镇、唯亭镇、胜浦镇一乡四镇建制划归苏州市政府直接管辖,由园区管委会行使行政管理职能。2006年,经国务院批准,中新合作区规划面积扩大10平方公里),分三期进行开发建设。1994

年5月,工业园区启动首期开发建设,开发面积为8平方公里,至1997年底,基本开发完成。2001年开始,园区按照规划,相继启动了二、三期的开发建设。经过20多年的发展,园区完美实现了从莲藕水田到现代新城的跨越式转变。

园区新旧面貌对比

在开发建设过程中,为了使合作双方能经常保持有效沟通和协商,两国政府间建立了三个层次的协调机构。最高层次的协调机构为由两国副总理分别担任双方主席的中新联合协调理事会,中间层次为双边工作委员会,第三层次为项目办公室,即园区管委会内设的"借鉴办"。通过这三个层次的互动交流,园区结合国情,联系实际,有选择地引进和借鉴了许多新加坡先进经验和管理体制:一是按照"精简、统一、效能"的原则设立了管理机构,体现出"小政府,大社会"的管理理念。成立之初的园区管委会,机构精干,编制精简,以7个部门、100名工作人员,高效率地保证了园区的日常管理和正常运转。二是以"亲商、亲民、真诚服务"的理念,主动引入"授权式"的一站式服务。充分发挥了一站式审批的优势,为园区的企业和居民提供"透明、优质、高效、便捷"的全方位窗口政务服务。三是严格实行规划管理原则。实行一次规划、分步实施的战略步骤,按照"先规划、后建设,先地下、后地上"的科学建设程序进行分步开发建设。所有规划一经制定,均不得轻易改动。20多年来,工业园区虽历经多任主要行政领导更替,区内建设仍与原始规划基本一致。

　　招商引资工作一直是园区建设工作的重中之重。开发之初,通过学习和借鉴新加坡的招商经验,园区以亲商高效的服务体系吸引了一批来自欧美、日本、新加坡的企业,这些企业大多为制造业,以电子、电器业居多。随着园区开发建设的不断推进,至2001年园区开始二、三期建设时,区内已有大批工业项目招商落户,土地资源开始日益紧张,转型升级势在必行。二期建设开始后,园区逐步实施退二进三,腾笼换鸟,将一批相对而言技术含量低、占地面积大的工业项目迁出去,代之以大力发展高科技产业和三产服务业。2002年,园区针对区内无高等院校和科研院所的短板,从招商引资向招院引所齐发力,通过建设高等教育区(后改为科教创新区),引进国内"大院大所",为产业发展输送高端人才。2005年,园区进一步提升转型力度,相继启动制造业升级、服务业倍增和科技跨越计划,凭借体制机制的优势和宜居和谐的环境,不断提高招商引资工作的水平,吸引了一大批知名世界500强企业和国内上市公司相继落户园区。经过多年的发展,如今的园区已经形成了"2+3"特色产业体系。"2"即电子信息、机械制造两大主导产业,"3"即生物医药、纳米技术应用及以大数据和云计算为支撑的人工智能三大战略新兴产业。

　　科技创新是园区崛起的驱动力。20多年来,园区通过各种措施,推动科技创新发展:一是创新载体的建设。通过借鉴国外先进的"产学研"发展经验,以大学或科研机构为中心,科技与教育相结合,实现科研成果迅速转化。截至目前,园区已拥有中科院苏州纳米所、中科院电子所苏州研究院、中国医学科学院系统医学研究中心—苏州系统医学研究所等"国家队"科研院所10家,牛津大学—苏州先进研究中心、哈佛大学韦茨创新中心、微软苏州研发中心、协鑫工业应用研究院等新型研发机构近500家,中国科学技术大学苏州研究院、西交利物浦大学、加州大学洛杉矶分校苏州研究院、新加坡国立大学苏州研究院等中外高等院校29所。二是创新人才的引进。通过深入实施"金鸡湖双百人才计划",集聚高端人才,打造具有竞争力的人才引入体系。截至2017年,累计入选国家"千人计划""江苏省高层次创新创业人才"和"姑苏创新创业领军人才"总数分别达141人、161人和230人,其中创业类人才57人,占全国比例超过6.5%,大专以上人才总量列全国开发区首位。三是创新环境的营造。通过设立苏州金融资产交易中心、股权交易中心等资本要素市场,对创新型企业进行扶持,推动创新型企业的集聚发展。

2010年11月,国内首家世界一流大学在中国开设的
研究院——新加坡国立大学苏州研究院成立

苏州工业园区成为中国对外开放重要窗口

苏州工业园区在20多年的开发建设实践中,通过对新加坡先进理念系统的学习和借鉴,结合国情和当地实际,提炼出以"借鉴、创新、圆融、共赢"为基本内涵的"园区经验"。"借鉴",就是高起点的自主学习;"创新",就是高目标的自主探索;"圆融",就是高品质的结合统一;"共赢",就是高效益的共同发展。"园区经验"是园区发展过程中产生的宝贵精神财富,它和"张家港精神""昆山之路"一起,组成了苏州推进改革开放和现代化建设的"三大法宝",成为苏州城市软实力中重要的一部分。

20多年来,工业园区已成为苏州市经济社会发展的重要增长极,其主要经济指标年均增幅约30%。2003年,开发建设将满十周年时,园区主要经济指标已达到苏州市1993年的水平,相当于十年再造了一个新苏州;2009年,开发建设十五周年时,园区取得了地区生产总值、累计上缴税收、实际利用外资、注册内资"四个超千亿"的发展成就。2017年,园区已实现地区生产总值2 350亿元,进出口总额858亿美元,实际利用外资9.3亿美元,在全国经开区综合考评中位居第一。

作为中国和新加坡政府间合作的旗舰项目,园区开启了国际合作成片开发的先河,改变了当时人们的思维模式和发展理念,以世界眼光和国际标准,为人们确立了更高的目标定位。20多年来,园区始终坚持"合作中有特色,学习中有发展,借鉴中有创新",创造了诸多令人瞩目的全国"唯一"和"第一"。它是我国首批生态工业示范园区、国家知识产权示范创建园区;它是我国首个服务外包示范基地、鼓励技术先进型服务企业优惠政策试点区域;它是国内唯一国家商务旅游示范区、纳米技术创新及产业化基地。作为我国改革开放的试验田、国际合作的示范区,园区已成为中国发展速度最快、最具国际竞争力的开发区之一。

民营经济成为苏州经济发展重要支撑

改革开放初期,苏州民营经济虽有发展,但主要集中在商业零售、餐饮及日用品修理等服务性行业,工业领域中少量的一些私人企业,大都规模小、产品档次低,在经济总量中的比重也比较小。1992年,邓小平发表南方谈话后,特别是1997年9月党的十五大明确提出"公有制为主体、多种所有制经济共同发展,是我国社会主义初级阶段的一项基本经济制度","非公有制经济是我国社会主义市场经济的重要组成部分。对个体、私营等非公有制经济要继续鼓励、引导,使之健康发展"后,苏州民营经济才真正进入持续健康快速发展的轨道。

1998年4月,市委、市政府召开全市首次个体私营经济工作会议,印发了《关于"九五"后三年苏州市个体私营经济发展规划纲要》《关于进一步加快发展苏州市个体私营经济的意见》。各地各部门把发展个体私营经济作为拓宽就业渠道、调整经济结构、繁荣城乡市场以及实现经济增长目标的一项重要举措。全市个体私营经济呈现出跨越式发展的态势。到2000年底,全市个体工商户达到15.43万户,私营企业3.11万户,分别比1997年增长27.48%、184.25%。

2000年后,苏州逐步提出要实现国有经济、民营经济、外资经济"三足鼎立",努力促进公有经济与非公有经济"比翼双飞"。市委、市政府于2004年1月下发《关于促进民营经济腾飞的决定》,提出要使苏州成为江苏民营经济发展的"龙头"和全国民营经济发展的先进地区，经过3年努力，到2006年底，全市民营经济基本实现主要经济指标比2003年翻一番。其后，市政府相继出台《关于加快构建促进民营经济发展共性服务平台的意见》《关于全面提升民营经济发展载体功能的意见》《关于做大做强民营经济的意见》3个配套政策，有力地促进了民营经济腾飞式发展。至2006年底，全市民营投资首次超过外资，增幅高于外资和国有集体经济投资，苏州成为全国第5个民营企业超10万户的城市。

2007年9月，"波司登"羽绒服被国家质量监督检验检疫总局、中国名牌战略推进委员会联合评定为"中国世界名牌产品"

为充分发挥民营经济3年腾飞积聚的优势，2007年9月，市政府又出台《关于实施民营经济新一轮腾飞计划的意见》，力争用4年时间在民营经济的经济总量、发展领域、增长方式及产业布局等方面进行改进和突破，引导民营企业从主要依靠数量扩张转变为更加注重质量提高，从主要依靠投资拉动转变为更加注重创新驱动，从主要依靠"家族式"管理转变为更加注重建立现代企业制度，从主要依靠单兵作战转变为更加注重集群式发展，从单纯追求经济效益转变为更加注重经济效益与社会责任相统一，实现到"十一五"期末，全市个体私营经济注册资本超过3 000亿元，每年新增300家以上民营科技企业，形成一批拥有自主知识产权和知名品牌、国际竞争力较强的民营优势企业群。经过全市上下的共同努力，2010年底，全市规模以上民营工业企业完成工业总产值7 753.73亿元，同比增长20.7%，占规模以上工业总产值的31.5%，是"十五"期末的2.5倍；企业数量快速增加，规模以上民营工业企业达7 793户，占规模以上工业企业总数的57.6%，比"十五"期末提高7%；全市民营科技企业近5 000家,占全省的20%,名列全省第一；全市民营企业拥有世界名牌1个,中国驰名商标35个,中国名牌56个。

恒力集团的企业竞争力和产品品牌价值均位于国际行业前列

为进一步做大做强民营经济并使之成为苏州经济转型升级的主体力量,2011年以来,市委、市政府围绕鼓励民营企业做大做强、拓宽民营经济发展领域、优化民营经济发展环境、支持企业自主创新等方面出台了《关于加快民营经济转型升级的若干意见》《关于进一步加快民营经济发展的意见》等一系列政策文件,全力支持民营经济又好又快发展。到2017年底,民营经济苏州市场主体总量达到135.2万户,注册

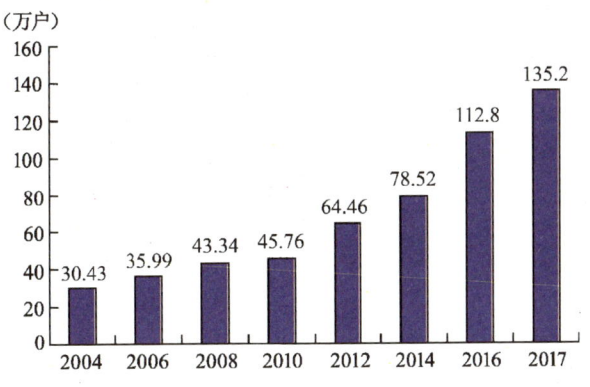

2004—2017年苏州民营经济市场主体总量发展情况

资本总额达 5.5 万亿元。恒力集团、沙钢集团、盛虹控股集团、亨通集团、永钢集团、华芳集团等 19 家企业登榜"2017 中国民企 500 强",入围企业数列全省第一。民营经济已成为苏州经济的重要基石,城乡居民就业的重要渠道,提升全市科技创新能力的重要平台,实现富民增收的重要途径。

工业转型升级提升发展质效

改革开放前,苏州是一个消费型城市,工业门类少,规模小,基础比较薄弱,主要以纺织、丝绸、食品、手工业等行业为主。改革开放40年来,在乡镇工业和外资工业的先后带动下,苏州工业经济快速扩张,全市工业总产值从初期的不足百亿元起步,1995年突破千亿元,2005年突破万亿元,2008年突破两万亿元大关,2011年迈上三万亿元新台阶。2017年苏州实现规模以上工业总产值31 956亿元,连续14年稳居全国大中城市第二位,成为仅次于上海的全国第二大工业城市。

改革开放之初,苏州农村紧紧抓住改革的大好机遇,大力发展乡镇工业,农村工业化步伐明显加快,纺织、服装、家用电器等行业比重迅速提高。全市乡镇工业形成一批拳头产品和骨干企业,吴县煤炭防爆电机厂生产的"骆驼"牌台式电扇,张家港市牡丹客车厂生产的"牡丹"牌客车便是其中的代表。城市工业在致力提高水平方面也取得初步成绩:传统的丝绸、轻工、纺织、工艺行业通过技术改造,产品得到更新换代,开辟了新的领域;基础原材料工业开始得到加强,电力、冶金、基础化工原料等都有较大幅度的增长;新兴的电子、医药、家用电器行业开始崛起,"孔雀"牌电视机、"香雪海"牌电冰箱、"长城"牌电风扇和"春花"牌吸尘器成为苏州工业"四大名旦"。1979至1988年,全市工业总产值增长7.17倍,平均每年增长23.4%,1989年全市工业总产值已达505.8亿元。全市形成丝绸、纺织、轻工、工艺、食品、电子、机械、化工、医药、冶金、建材等门类较为齐全的工业体系。其中,以轻工、纺织、丝绸、食品等行业占主导,传统特色显著。

20世纪80年代的张家港华润集团浮法玻璃车间

20世纪90年代后,苏州抓住国家沿海地区和上海浦东开发开放的历史机遇,大力兴办各级各类开发区,通过外向型经济的发展,推进全市工业经济转型升级。这一时期,苏州工业发展以外向、外延为主要特征,注重利用外资和引进技术发展电子信息、机电一体化、精细化工和新材料等新兴产业;机械、冶金、化工、电力等基础工业,在重点企业规模不断扩大的基础上得到大力发展;轻工、食品、工艺等传统产业通过高新技术改造、资产重组、配套协作等途径,逐步改造成为都市型、配套型企业,全市工业的技术层次和整体素质有了显著的提升。1998年,以电子信息产业取代纺织业成为第一大主导产业为标志,苏州工业实现了从传统产业向现代制造业的转变。全市形成以高新技术为主导,新兴产业和传统产业协调发展、共同提高的新结构。1999年,苏州实现工业总产值3 006亿元,销售产值1 863亿元,产品销售率为96.7%。电子信息、机电一体化、精细化工、生物医药等六大新兴主导产业,在全市工业销售收入中所占比重接近38%,其中市区超过55%,比上年提高5个百分点。

进入21世纪后,苏州以新型工业化和制造业高端化为发展方向,先后出台了一系列加快工业转型升级的政策规划,如《关于推进新型工业化进程的若干政策意见》《关于加快推进工业结构调整和优化升级的实施意见》《新兴产业倍增发展计划》《关于支持新兴产业重点企业加快发展的实施意见》等,大力推进结构调整,优化产业布局,加快了发展方式的根本性转变。"十一五"期间,全市电子信息、装备制造、纺织、轻工、冶金和化工六大支柱产业保持较快增长的同时,为加快经济转型升级,推动全市经济又好又快发展,市政府决定实施苏州市新能源(风能、太阳能)产业跨越发展工程等"四大跨越工程",大力促进新能源、医药及生物技术、新型平板显示和智能电网等新兴产业跨越发展。2010年,规模以上新能源、新材料、生物技术和新医药、节能环保、智能电网和物联网、新型平板显示、高端装备制造以

荣获"2010年中国电子信息百强企业"称号的昆山龙腾光电有限公司

及软件和集成电路八大战略新兴产业实现工业产值7 100亿元，占全市规模以上工业的比重达到28.9%，占全省新兴产业的比重达到34%，逐渐成为带动工业经济转型升级的重要内驱力和引领工业高端发展的强大增长极。

党的十八大以来，苏州致力于实体经济的发展，大力推动"苏州制造"向"苏州创造"和"苏州智造"迈进，努力实现工业经济的高质量发展。近年来，市委、市政府先后出台《关于打造苏州工业经济升级版的实施意见（2014—2020）》《中国制造2025苏州实施纲要》《苏州市"十三五"工业发展规划》等一系列文件，在大力提升传统产业的同时，聚焦新一代电子信息、高端装备制造、新材料、软件和集成电路、新能源与节能环保、医疗器械和生物医药六大先进制造业重点产业领域，推进全市工业迈向产业中高端水平，加快打造现代工业发展体系。2016年9月，苏州等苏南五市被集体列入"中国制造2025"试点示范城市群。苏州将智能制造作为信息化与工业化深度融合的主攻方向，努力打造以持续创新能力为基础的技术优势和以不断向产业链、价值链中高端攀升的国际竞争优势，坚持"政社企"联动推进全市智能制造。2017年7月，市政府下发《关于加快建设国家智能制造示范区的意见》，通过加快建设国家智能制造示范区，实现制造业向数字化、网络化和智能化迈进，全力推动"苏州制造"向"苏州智造"转型。如今，苏州在建设"中国制造2025"苏南城市群试点示范城市的基础上，正积极创建"中国制造2025"国家级示范区，在改造提升优势传统产业的同时，加快发展先进制造业，将努力在新一代显示、机器人及智能硬件、高端装备、汽车及零部件、软件和信息服务、集成电路、新能源、新材料等领域打造一批千亿级优势产业集群，推动产业结构迈向中高端，加快构建有苏州特色的新型制造业体系。

截至2017年底，苏州工业已经形成以电子信息产业、装备制造业等先进制造业为主，冶金、纺织、化工等传统产业为补充的较为完备的产业发展体系,涵盖35个行业大类、162个行业中类和440个行业小类,其中产值超千亿元的行业大类有9个,电子信息产业产值接近万亿元。

2016中国(苏州)数字经济与创新发展大会

服务业量质提升
成为经济发展新动力

改革开放以来,苏州的服务业经历了由弱到强、由传统走向现代的过程,规模持续扩大,结构不断丰富,质量不断提升。

改革开放之初,苏州的服务业主要以商贸业为主。1978年后,随着全国经济体制从计划经济转向社会主义市场经济,苏州的传统商贸也渐渐开始繁荣起来。城区的观前街和石路地区先后实施了综合改造工程,建成了商业步行街。凤凰街、十全街、景德路等街区也逐步形成了各种有特色的商业街区。餐饮、旅馆、服务维修、电器、医药、建材等多种传统服务业形态都得到快速发展,对经济的推动作用初见端倪。至1987年,苏州第一、二、三产业的比例分别为19.0∶60.7∶20.3,服务业首次超过农业,经济格局转变为二、三、一的顺序。

20世纪90年代起,随着计划经济时代的票券定量供应正式取消,商品市场逐步放开,苏州的商品服务业开始呈现出多样化发展。一是大型专业市场悄然兴起。位于吴江的中国东方丝绸市场,依托当地传统产业,由发展初期的8 000平方米、200多家商铺,不断壮大,1995年市场交易额已超过100亿元,此后随着市场不断向品牌化、专业化、规模化方向发展,至2013年,交易额已超过1 000亿元,成为国内重要的纺织品交易中心、价格形成中心和信息发布中心。位于常熟的中国常熟服装城,由自产自销的马路市场改造而成,90年代开始已在华东地区专业市场中排名前列,其后经过几次扩建,现已成为全国最大的服装服饰专业市场,连续三届名列"中国十大服装专业市场"榜首。此外,蠡口家具城、华东电器城、华东装饰城等一大批专业市场也相继开发壮大。二是小商品市场遍地开花。南门、德合、钱万里桥等一批小商品市场相继开办,至 2000 年,全市已有商品交易市场 846 个,年成交总额 798 亿元。三是超市、便利店开始初露头角。1999 年,百润发东环店开张,成为苏州第一家大型仓储式超市大卖场。此后数年,随着商贸业的发展,北京华联、物美、好又多及欧尚、家乐福、麦德龙等一批国内外著名超市集团,美佳、可的、喜士多等一批连锁便利店先后登陆苏州,发展迅速。至 2001 年,全市服务业产值达 668.98 亿元,占 GDP 比重 38%。

2002 年 8 月,整治完成的观前地区焕然一新

2001 年后,由于意识到服务业在整体经济组成中地位相对偏弱,服务业增加值在地区生产总值中比重偏低,市委、市政府开始加大力度推动服务业的发展。2004 年苏州在全省率先召开服务业促进大会,公布了市委、市政府制定的先进制造业和现代服务业"双轮驱动"的发展战略,出台了《关于促进服务业跨越发展的决定》,由此拉开了苏州大

力发展与制造业相配套的生产性服务业的大幕。一是仓储物流业。陆续建成了张家港保税港区、苏州工业园区、高新区、昆山、太仓、常熟、吴江、吴中8个综合保税区,形成了多类型、多层次、全覆盖的保税物流体系,通过大通关、大物流的高效率,降低了制造业的物流成本。二是软件及研发产业。通过大力建设由苏州工业园区软件园、苏高新软件园和昆山软件园组成的"苏州软件园"项目,推动苏州软件产业的发展。三是商务服务不断优化。金融、保险、广告、租赁、物业管理、信息咨询、报关代理、招标评估、会计审计、人才劳务、法律服务、会展文秘等均得到长足发展,商务服务覆盖面更加全面。

2004年9月,苏州软件园被科技部正式批准为"国家火炬计划软件产业基地",昆山软件园是苏州软件园的一部分

2011年,为了进一步转变经济发展方式,促进现代服务业跨越发展,苏州市又出台了《关于进一步加快发展现代服务业的若干政策意见》,积极促进现代服务业的快速发展。一是现代金融业。相对于传统银行业,新型金融业态如信托公司、财务公司、小额贷款公司、私募股权投资企业、金融租赁公司等发展速度更快,融资规模更大。2011年以来,苏州不断优化金融产业布局,金鸡湖金融商贸区、沙湖股权投资中心、高新区财富广场、昆山花桥金融区等现代金融集聚区相继建成。苏州银行、东吴证券、苏州信托等本土金融机构逐渐发展成为全国品

牌。二是创新型服务业。苏州通过推动先进制造业与现代服务业跨界融合,催生了很多服务业新业态。电子商务迅速崛起,交易额逐年大幅度增加,2015年已突破7 000亿元。阿里云、京东智谷、好孩子、同程网、食行生鲜等一批互联网平台型企业快速成长,品牌优势凸显。三是服务外包产业。服务外包的领域不断扩大,专业性更强,以产品技术研发、生物医药、工业设计等知识流程外包为主,经过几年发展,2015年苏州市服务外包执行总额已达62.7亿美元,是2010年的4.9倍,服务贸易规模达到125亿美元,位居全省第一。四是科技服务业。经过几年的发展,科技服务业取得长足发展,国家技术转移苏南中心落户苏州,省级以上科技孵化器(创业园)数量和孵化面积均居全省首位。发明专利拥有量不断提高,国家首个知识产权服务业集聚区落户苏州。

至2015年,苏州的服务业增加值比重首次超过第二产业,经济结构实现了由"二三一"向"三二一"的转变,服务业发展总体呈现稳中有进、进中提质的良好态势。2017年,随着苏南现代化建设示范区和苏南国家自主创新示范区建设的加快推进,中国(苏州)跨境电子商务综合试验区、服务贸易创新试点先后落地,苏州市服务业的活力不断得到释放,全市实现服务业增加值8 861.65亿元,增长8.2%,全年实现高新技术产值1.53万亿元,比上年增长10.5%,占规模以上工业总产值的比重达47.8%,成为支撑苏州市经济增长的重要力量。

探索苏州旅游特色品牌建设

苏州是我国著名的历史文化名城和风景旅游城市,拥有众多旅游资源,自古以来一直被人们誉为"人间天堂",声名享誉海内外。改革开放以来,苏州通过充分挖掘和继承古城旅游资源,优化城市旅游布局,积极创新旅游产品,旅游产业不断转型升级,吸引了全国各地乃至世界各国的游客。

改革开放之初,为了利用好苏州丰富的旅游资源,加大开放力度,市委、市政府决定把旅游业作为发展外向型经济的重要抓手,积极推进旅游景点开发建设,促进旅游业快速发展。1982年专门成立了苏州市旅行游览事业管理局(1989年改为苏州市旅游局),全面负责苏州的旅游工作和发展规划。1985年,针对市区园林"人满为患"的状况,苏州市提出了发展"大旅游"的计划,积极推动水上旅游和太湖旅游开发,逐步形成了"苏嘉杭古运河逍遥游",宝带桥—盘门三景—寒山寺三点一线"古运河旅游线"及"姑苏龙舟水上游"等一批有较大影响力的水上旅游项目。

90年代后,苏州市旅游业进入了快速发展期,一大批新旅游景点和旅游活动的产生改变了"游苏州等于看园林"、到苏州就是"园林加购物"的旅游形象,促成了旅游经济的新腾飞。一是大型节庆活动成为一大品牌。90年代初,随着外向型经济的快速发展,苏州迫切需要加强对外交流。由于苏州市当时无权举办经贸交易会,市委、市政府决定,由旅游部门牵头举办国际丝绸旅游节,以"旅游搭台,经贸、商业唱

第二十一届"东方水城"中国苏州国际旅游节

戏"为思路,促进旅游和全市外向型经济的发展。1990年,举办了首届"90中国(苏州)丝绸旅游节暨经济贸易洽谈会",取得了很大成效。此后,国际丝绸旅游节成为苏州的固定节庆活动,由中国纺织总会、国家旅游局、国家航天局、中国丝绸工业总公司和苏州市人民政府联合主办,每年9月下旬举行。1999年以后,改名为苏州国际丝绸节,每两年举办一次。2003年后,本项节庆活动停办。创办于1979年的寒山寺除夕听钟声活动,针对日本人除夕听钟声习俗,以面向日本游客的专项旅游活动起步,坚持年年举办,至今已举办了39届,规模越来越大,影响越来越广,逐步发展成苏州市每年一度的传统盛会。这一阶段,苏州各县市及乡镇也都积极策划,先后推出了一大批富有特色的旅游节庆活动。1991年常熟市举办了"中国牡丹行"尚湖牡丹花会,1996年昆山市举办了周庄国际旅游艺术节,1997年各地分别举办了吴县太湖西山梅花节、虎丘97香港回归艺术节、天平红枫艺术节、"同里之春"旅游文化节、阳澄湖蟹文化节等多项旅游节庆活动,节庆经济逐步繁荣。二是建设旅游度假区。为了加快太湖旅游开发、培育旅游经济新增长点、增强旅游发展后劲,市委、市政府通过积极向上争取,1992年获国务院批准建立苏州太湖国家旅游度假区。多年来,度假区不断完善规

1992年10月,苏州太湖国家旅游度假区经国务院批准建立

划,加强招商引资,开发建设了度假酒店、游艇俱乐部、太湖新天地等一大批新设施、新项目。2002年,市委决定将太湖旅游度假区升格为正处级单位,管辖范围扩大至西山镇和光福镇。现在,太湖度假区已成为游客、市民休闲旅游的新热点。在太湖度假区成功开发的影响下,各县市也掀起了建设度假区的热潮。1994年,吴江汾湖旅游度假区和昆山旅游度假区先后获省政府批准建设,两地先后兴建了水上游乐园、高尔夫球场、度假饭店等项目,逐步形成了有一定影响力的旅游度假区。三是城乡旅游整体发展。古城内陆续推出了网师园"古典夜园游"和充分体现"小桥、流水、人家"风貌的"平江水巷游"。古城外以周庄、同里、甪直、木渎为代表的苏州"江南古镇游",也先后发展成苏州旅游强劲的增长点。太湖三山岛、苏州乐园、中国未来农林大世界等一批新景点先后建成,使苏州旅游更加丰富多彩。

进入21世纪后,苏州旅游开始进入向产业化发展、建设旅游强市的新时期。2002年,市政府下发了《关于进一步加快苏州旅游业发展建设旅游强市的意见》,提出了"把苏州建设成为全国著名、国际一流的旅游度假胜地,成为国内必选、国际首选的旅游目的地,成为具有国际竞争力的旅游度假胜地"的指导思想。决定通过创新理念,加快开发建设,推进旅游经济更快向产业化发展。一是创新理念。提出"旅游即城市,城市即旅游"理念,把整个城市作为最大的景区、最好的产品、最美的旅游目的地来打造,推进从传统旅游向现代旅游转变。二是创新产品。确立"天堂苏州、东方水城"为城市旅游品牌,彰显苏州旅游个性,做足苏州"水"的文章,丰富"东方水城"的旅游内涵。三是创新建设。在传统旅游规模不断扩大的同时,旅游空间由城市向乡村拓展,出现了古镇旅游、古村落旅游、农家乐旅游、农业生态休闲游等一批现代旅游项目,形成了城乡联动、区域联合的新局面,带动了农村经济的发展。

党的十八大以后,苏州不断加快推动旅游业转型升级、提质增效,全面优化旅游发展环境,为走全域旅游发展的新路子作出了全面部署。市委、市政府先后出台了《关于实施全域旅游发展战略打造国际文化旅游胜地的若干意见》《苏州全域旅游发展规划》和《苏州市深化文旅融合发展的实施意见》等相关文件,努力把整个苏州当作一个旅游景区,把一座城市当成一个旅游目的地,实现旅游产业的全景化、旅游管理的综合化、旅游服务的集成化,形成资源优化、空间有序、产品丰富、产业发达、服务匹配的系统旅游。一是加强全域旅游区域联动。以全国首个古城旅游示范区为品牌引领,整合古街、古宅、博物馆、艺术馆等历史人文资源,鼓励开发以文旅融合为主线、强化"苏式生活"互动体验的旅游产品,打造代表苏州特色的全域旅游核心体验区。二是推进"旅游+"融合发展。发挥"旅游+"的综合带动作用,促进旅游跨界发展、产业深度融合、社会共同参与。加快旅游风情小镇建设,促进乡村民宿规范发展,2017年通过打响"姑苏城外"乡村旅游品牌,引导苏州的乡村旅游全面迈入规范化、品牌化、特色化和全域化的发展轨道。三是完善旅游公共服务体系。通过2017年上线"苏州旅游总入口"工程，完善无缝交通对接和高峰客流引导措施，做好旅游二维码遍及工程、线下"总入口"布点、咨询服务体系完善等工作。通过实施旅游公共服务"四大行动计划"，推进智慧旅游建设，实现旅游热点地区智能导游、电子讲解、在线预订、信息推送等功能全覆盖，方便入境游客自由行。

2017年，苏州全市接待国内游客1.23亿人次，旅游总收入突破2 327.58亿元，旅游业已成为全市重要支柱产业之一。同时，苏州被美国权威媒体评为亚洲仅五、全国唯一的50个最佳旅行目的地，在人民网评选的中国全域旅游魅力指数排行榜中，苏州位列参评的地级以上城市第一名。

从城乡发展一体化迈向城乡融合发展

改革开放40年以来,苏州的城乡经济和社会发展取得了长足的进步,城乡面貌发生了翻天覆地的变化,苏州已成为全国城乡居民收入差距最小的地区之一。为了更好地贯彻党的十七大提出的"走中国特色农业现代化道路,建立以工促农、以城带乡长效机制,形成城乡经济社会发展一体化新格局",让全市城乡居民过上更加美好的生活,市委、市政府在2008年向省委提出《关于要求将苏州市列为江苏省城乡一体化发展综合配套改革试点区的请示》,省委、省政府批准同意将苏州确定为全省唯一的城乡一体化综合配套改革试点市。

在改革开放试点前期,苏州市委、市政府将张家港市金港镇等23个镇设为城乡一体化发展综合配套改革试点工作先导区,围绕五项具体任务(加快形成城乡经济社会发展一体化体制机制,加快形成农民持续增收的长效机制,加快形成发展现代农业和农村新型集体经济的动力机制,加快形成城乡公共服务均等化的运行体系,加快形成城乡一体的行政管理体制),主要推进十项改革重点(建立土地资源增值收益共享机制,创新现代农业发展机制,完善农村"三大合作"改革,健全城乡统筹就业创业制度,加快城乡社会保障制度接轨步伐,深化农村金融体制改革,建立健全生态环境补偿机制,强化公共服务体系建设,深化农村行政管理体制改革,健全城乡一体的领导体制和工作机制),顺利完成了省委、省政府交办的改革任务,并创造了"三集中"(农村工业企业向工业规划区集中,农民向新型社区集中,农业用地向适度规模经营集中)、"三置换"(承包经营土地置换土地股份合作社股权,宅基地置换商品房,集体资产置换股份)、"三大合作"(土地股份合作社、社区股份合作社、农民专业合作社等为代表的农民新型合作经济组织)等生动鲜活做法。2010年,苏州被国家发改委列为城乡一体化发展综合配套改革联系点。2011年,中央农村工作领导小组又将苏州列为全国农村改革试验区。

党的十八大以后,苏州贯彻"加快完善城乡发展一体化体制机制,着力在城乡规划、基础设施、公共服务等方面推进一体化,促进城乡要素平等交换和公共资源均衡配置,形成以工促农、以城带乡、工农互惠、城乡一体的新型工农、城乡关系"精神,重点在深化"三项制度"(农村土地管理制度、农村户籍制度和农业支持保护制度)改革以及"三大并轨"(城乡最低生活保障、养老保险和居民医疗保险制度并轨)方面进行改革探索,创造性地形成了"三优三保""政经分开""股权固化"、美丽乡村建设与新市民积分制管理新经验,建立健全粮食价外补贴政策,构建农业保险和担保制度,实施生态补偿机制,设立城乡一体化引导基金等支农惠农政策体系。2014年,国家发改委将苏州市列为国家城乡发展一体化综合改革试点市。苏州继续坚持以建成苏南现代化示范区和全国城乡发展一体化示范区为目标,重点围绕八个"示范区"(新型城镇化发展的示范区、共同富裕的示范区、"四化"同步发展的示范区、公共服务均等化的示范区、生态文明的示范区、和谐社会的示范区、土地节约集约利用的示范区、城乡金融改革创新的示范区)建设推进改革。2016年,苏州新增四项农村改革实验任务,多项试点经验已成为全国范例。

经过近10年的努力,苏州基本形成了以工促农、以城带乡、工农互惠、城乡一体的新型工农城乡关系。

各项规划逐步实现城乡对接,基础设施不断完善。苏州按照"一体化、全覆盖"的要求,统筹城乡空间体系,基本形成1个中心城市、4个城市副中心、50个中心镇的"1450"空间布局体系,城市化率2017年达到75.5%。实施美丽乡镇建设,到2017年底,苏州累计建成110个美丽村庄示范点、1 040个三星级康居特色村,完成了50个涉农乡镇的河网水系规划工作,水美乡镇18个,水美村庄176个,农村污水处理率达到80%。除此以外,苏州不断加速城镇交通、水利、电力、电信、环保等基础设施的建设,形成了统筹推进重大基础设施建设的格局。城市轨道交通1号线、2号线、4号线,以及中环快速路和七浦塘拓浚整治、城区"自流活水"工程等重大基础设施建成投用,城市功能品质不断改善,中心城市辐射力带动力明显提升。

城乡产业一体化布局基本形成,农业现代化不断推进。按照集聚集约、合理布局的思路和形成主体功能区的要求,苏州加快建设以现代

苏州市西湖水产生态养殖专业合作联社2016年分红大会

农业为基础、先进制造业为支撑、现代服务业为主导的产业体系。加快建设现代农业园区,积极培育新型职业农民,促进农业旅游深度融合发展。完善优化"四个百万亩"(百万亩优质水稻、百万亩特色水产、百万亩高效园艺、百万亩生态林地)产业布局,农业设施现代化建设不断推进。苏州的农业现代化指数水平连续6年位居全省前列,不断向着具有苏州特色的都市现代农业方向推进。

2017年,苏州市吴中区临湖镇石舍村被住房和城乡建设部等5部门评为全国改善农村人居环境示范村

支农惠农体系不断完善,城乡基本公共服务均等化水平不断提升。苏州在全省率先建立"一户一档一策"精准帮扶机制,通过"阳光扶贫"信息系统对7万多名城乡困难群众常年进行补助。通过多予放活、多元投入的支农体系,充分发挥财政政策导向功能和财政资金杠杆作用。通过保险担保系统累计为农户、农村经济合作组织、农业企业等提供金融服务总额达168亿元,惠及农户2 280户;建立生态补偿机制,2014年将生态补偿意见上升为《苏州市生态补偿条例》,8年累计补偿

75.38亿元给生态保护区农户,使他们分享到生态红利。2014年出台实施的"一村二楼宇"政策,到2017年建成"一村二楼宇"项目139个,配套建设用地1 600亩,建设规模120万平方米。对集体经济相对薄弱的村,公共服务开支按每村每年50万元的标准进行补贴,重点用于改善基础设施、环境卫生设施和综合服务中心场所及管护维修费用支出。经过不断的努力,2017年苏州农村居民人均可支配收入达到2.99万元,城乡居民收入比缩小为1.96∶1,城乡居民人均收入差距全国最小。

教育、文化、卫生、体育等各项社会事业和公共服务设施加快向农村覆盖。全市加大投资,建成集党员活动、就业社保、商贸超市、卫生计生、教育文体、综治警务、民政事务等功能于一体的新兴社区服务中心。农村小学、初中全部达到苏州教育现代化评估标准,所有公办高中达到省级三星办学标准。加大城镇医疗卫生服务下乡力度,90%以上乡镇和村建成卫生服务中心(室)。农村公共文化服务设施实现全覆盖,镇村数字电视网络、图书室、健身房、书场、文化活动室普遍建成。

"三大合作"改革
增强农村发展新活力

农村推行家庭联产承包制以后，极大地解放了农村生产力。但是，随着经济社会的发展，农民以家庭为单位分散生产，势单力薄，在市场交易中处于不平等的地位，无力抵御市场竞争、需求变化带来的市场风险。对此，苏州干部群众积极探索，先后围绕完善双层经营体制、健全农业社会化服务体系等方面对家庭承包制进行完善。进入21世纪，为适应市场经济体制、促进城乡统筹发展、构建农民增收长效机制，2001年8月中共苏州市第九次代表大会首次正式提出了推进农村"三大合作"改革的目标要求。

农村的"三大合作"改革主要包括三种类型：一是社区股份合作制改革，主要是通过对村组集体经济组织开展产权制度改革，将农村集体资产（主要是经营性净资产）折股量化给农民（社员），实行民主管理，按股分红，从而把原村级经济合作社改组为村级股份合作社；二是土地股份合作制改革，主要是在稳定农村家庭经营制度和保障农户土地承包经营权的基础上，由农民自愿将土地承包经营权入股，组建土地股份合作社，由合作社开展适度规模经营，或由合作社组织转化开发建设，或由合作社组织土地使用权出让，将开发收益和出让补偿金充入货币资本，实行民主管理和按股分红；三是农民专业合作经济组织建设，主要包括在农产品专业生产经营方面组建的专业性合作社，在农业和农村服务业方面组建的专业性合作社，以及农民投资入股于房屋租赁、物流仓储业等方面的富民合作社(物业股份合作社)等多种形式。

2001年8月26日,吴中区木渎镇金星村成立了苏州市第一家社区股份合作社。金星村将评估核实的4 000多万元集体经营性净资产折成股份,按照一定的标准量化给村民,其中8%为集体股,92%为个人分配股。村民凭分得的股份参加年终分红,但不能抽资退股、转让、抵押和买卖。合作社成立当天,经无记名投票选举产生金星村股份合作社董事会、监事会成员。金星村社会股份合作社的成立,拉开了苏州农村"三大合作"改革的序幕。

2001年8月,苏州市吴中区木渎镇金星村股份合作社成立

为指导、扶持各地的"三大合作"改革顺利进行,市委、市政府制定了一系列的改革政策及扶持意见。2002年3月,市委、市政府制定《关于农村社区股份合作制改革的实施意见(试行)》,明确了改革的指导思想、基本原则和实施办法,要求各市、区先在1至2个村实行试点,积累经验。9月,市委、市政府又制定了《关于加快发展农村专业合作经济组织的意见》,要求各地加快改革试点,大力发展农村新型合作经济组织。2005年4月,苏州市委、市政府制定《关于加快发展农村专业合

作经济组织的意见》,提出力争用 5 年左右的时间在优势农产品产地普遍建立起专业合作经济组织。7 月,市委、市政府制定《关于促进农民持续增收的意见》,规定在财政资金、土地使用、税收优惠等方面,对农村合作经济组织给予政策扶持。10 月,市委、市政府制定《关于加快推进和完善农村社区股份合作制改革的实施意见》,指出将村级集体年可支配收入达到一定规模的村、位于城郊接合部和城市建成区内的村,尤其是将实行"撤村建居"的村,作为改革重点率先组织实施。同时提出完善改革形式、改进量化办法、规范股权设置、固化股权管理和健全"三会"制度等方面的改革要求。是月,市委、市政府又制定了《关于积极探索农村土地股份合作制改革的实施意见》,明确了土地股份合作制改革的主要形式、需要把握的改革环节及改革所适用的范围。2006 年 12 月,市委、市政府制定《关于扶持发展农村富民合作社的意见》,明确了发展富民合作社的原则要求、组建的基本条件和操作程序及扶持政策。

2008 年 1 月,苏州市高新区浒墅关经济开发区社区股份合作社举行股红首发仪式

为确立"三大合作"组织的法人地位,2005 年 10 月,苏州允许在全

市范围内对农村"三大合作"组织进行工商登记。富民合作社率先在昆山市进行工商登记,社区股份合作社率先在相城区展开工商登记。吴中区西山镇衙用里碧螺春茶叶股份合作社成为江苏省第一个以"合作社"工商注册的农产品合作社,吴中区横泾街道上林土地股份合作社成为全国第一个以承包土地经营权作价折算注册资本进行工商登记的土地股份合作社。

2011年8月,市委、市政府制定《关于加快股份合作经济转型升级的若干意见》,提出要按照率先形成城乡一体化发展新格局的总体要求,创新发展理念,拓宽发展思路,强化政策扶持,推进资源资产化、资产资本化、资本股份化和股份市场化,积极参与城市化、新型工业化、城乡一体化和农业现代化建设,全面拓展股份合作经济的发展空间和实现途径,持续提升股份合作经济的综合竞争能力和对农民持续增收的贡献份额。全市围绕城乡发展一体化总体目标,鼓励和引导股份合作经济转变发展方式,推进以镇(街道)为主体,在县(市、区)层面统筹资源配置,通过组建集团公司、强村公司和联社等形式,实现联合发展、抱团发展、异地发展。

苏州农村的"三大合作",先是典型示范,然后逐步扩大试点范围。至2005年底,"三大合作"改革在全市范围内全面铺开。2010年之后,"三大合作"改革进入创新完善和转型升级阶段。苏州农村"三大合作"改革的创新实践得到了省委的充分肯定。省委农村工作领导小组办公室在2004年7月召开的农村"三大合作"改革专题研讨会上,全面介绍了苏州"三大合作"改革的经验与做法。省委在总结苏州改革经验的基础上,将推进这方面的改革写入省委2005年1号文件,要求各地因地制宜地推进农村"三大合作"改革。苏州在加快社会主义新农村建设和全面推进城乡一体化综合配套改革试点工作中,坚持把农村"三大合作"作为富民强村的重要手段、资源配置的有效平台和构建农民持续增收长效机制的主要措施,不仅使之成为增加农民财产投资性收入的重要途径,形成集体经济发展与农民持续增收的长效机制,也大大促进了农业适度规模经营和现代农业建设。经过多年的探索和实践,至2017年底,全市共有各类农民合作社3 947家,持股农户比例超过96%。集体合作农场208家,自主经营面积占全市土地规模经营总面积的16%。农村集体经济总资产1 840亿元,村均年稳定性收入815万元。

"三高一美"打造新时代鱼米之乡

党的十一届三中全会以来,在党的各项"三农"政策激励下,苏州凭借着得天独厚的自然条件、精耕细作的生产传统和勤劳进取的广大农民,全市农业顺应改革开放大潮,实现了由供应短缺到优质高效、由粗放经营到集约发展、由农工分立到三产融合的巨大转变,取得了一个又一个辉煌业绩。

主攻粮食生产,大力发展多种经营。1978年至20世纪80年代中期,按照有利于农业生产力发展的总要求,苏州采取整体推进、重点突破的方法,不断加大改革力度,积极探索符合农村实际的经济体制和经营方式。特别是家庭联产承包责任制的全面推行,扩大了农民的经营自主权,极大地调动了农民的生产积极性,有效解放和发展了农业生产力。恢复水稻单季布局,劳动效率显著提高。1982年,单季稻亩产突破400公斤,1984年突破450公斤,在全省领先。1986年建立了农业合作发展基金制度,当年筹集农业合作发展基金1.17亿元,投入7 124万元,相当于当年国家投入的4倍多,加速推进了农业基本建设。主攻粮食生产,建设商品粮基地。1985年全市粮食生产面积达到750.74万亩,总产量达238.49万吨,其中单季晚稻361.8万亩,较1978年增长了257.9万亩,克服了供应短缺,较好地解决了人们的温饱问题,并跻身全国重点商品粮基地行列。

20世纪80年代中期到90年代中期,由于乡镇企业的崛起,大量农村剩余劳动力向工业转移,苏州农业产值在地方经济中的比重逐步

20世纪80年代中期至90年代中期苏州农村多种经营全面发展

下降,三次产业比例由1978年的28.1∶55.7∶16.2调整到1987年的19∶60.7∶20.3,由"二、一、三"排列变成"二、三、一"排列。在此情势下,苏州在稳定粮棉油生产的基础上,积极调整农业产业结构,大力发展多种经营。水产养殖迅猛发展,渔业总产值1995年较1986年增长了11.5倍;"菜篮子"工程加快实施,1996年全市共建畜禽直供基地195个;蚕桑发展进入黄金时期,涌现出9个"万担蚕乡"和18个"千担蚕村";蔬菜、果树、产业、花木等园艺业成为新亮点,产量、产值大幅提升。1978年到1997年的20年间,全市多种经营总收入从5.31亿元增加到180亿元,年均增长19.3%,粮经结构比例达到7∶3左右,名特优农副品种生产份额不断加大,高效农业结构框架初步建立,农副产品凭票供应成为历史。

调整产业结构,提升农业发展水平。20世纪90年代中期到21世纪初期,苏州开发区建设步伐加快,耕地面积减缩,农业生产以市场为导向,积极调整产业结构,向优质高效转型升级。产业结构加快调整,1997年秋播开始,大幅调减粮棉油作物种植面积,大步推进水产、畜牧和蔬菜、园艺业,大力实施外向、生态、特色、设施和都市"五型农业"。到2001年,全市经济作物占种植业比重达到51%,养殖业占农业产值比重达到53.1%,农业种植业开始向多品种、高质量、高效益转化,农业生产向水产品、畜牧品转化,农副产品向高端产品、高档产品转化。农业基地化、规模化发展,特色农业基本形成,稻米、水产、蔬菜、园艺、畜禽等业类一大批具有地方特色的优良品种形成主导品种和优势产业。外向型农业开始起步,特种养殖、花卉生产、农产品深加工等项目走向海外,2000年全市出口农产品及加工制品2.56亿美元,较1996年翻两番有余,出口50多个国家和地区,外向型农业开始成为苏州农业发展的新动力。

注重生态和谐,大力发展现代农业。进入21世纪,随着苏州工业化、城市化、经济国际化的稳步推进,农业发展空间不断缩小,经济功能不断减弱,在GDP中的比重下降到2%以下。苏州大力实施农业科技化、外向化、标准化、产业化、生态化和法制化"六化"战略,以生产功能为主的传统农业向融生产、生活、生态"三生"功能于一体的现代都市型农业转变。"十一五"期间,认真落实"四个百万亩"农业产业规划,基本形成优质水稻、特种水产、高效园艺、生态林业和规模畜禽等主导产业发展格局。加快土地流转,积极推进农业适度规模经营,全市农业适度规模经营占比达到70%,农业综合机械化水平在80%以上,建成万亩现代农业示范园区18个、千亩示范区70个,"海峡两岸(昆山)农业合作试验区"被命名为国家级现代农业示范区,常熟市农业科技园被评为国家级农业科技园。农业产业化经营成效明显,全市拥有国家级农业龙头企业 2 家、省市级农业龙头企业 122 家，农产品加工业年销售额达到 1 500 亿元。生态农业、循环农业、观光农业建设加快，化肥农药使用强度年均下降 5 个百分点，无公害农产品、绿色食品和有机产品总数 1 259 个，市级以上名牌农产品 277 个，各类生态休闲观光农业场所年接待游客数量上千万人次，下属县级市全部通过了省"生态农业市"验收评估。

聚焦产业振兴，促进三次产业融合发展。党的十八大以来，苏州按照产出高效、产品安全、资源节约、环境友好的要求，不断拓展农业多元功能，努力探索具有苏州特点的现代农业发展路径。突出农业生态功能，农业资源保护进入法治化轨道，截至 2017 年底，全市"四个百万亩"总面积达 412.9 万亩，划定永久基本农田 254 万亩，巩固稳定优质水稻种植规模 110 万亩以上。完成成片造林面积 9 670 亩，全市林木覆盖率达 20.69%，自然湿地保护率达 58%，位列全省第一，全市山水林田湖生态保护带日益完善。强化农业创新驱动，全市农业现代化指数水平连续 7 年位居全省前列，农业综合机械化率提升到 88.8%，农业科技进步功能率达 68%。推动农村三次产业融合发展，将农业园区作为苏州现代农业的标志性载体，借鉴工业化的理念来发展园区，制定《关于进一步加快推进现代农业园区建设发展的意见》，全市县级以上农业龙头企业 309 家，全年销售收入 1 310 亿元，带动农户 241 万余户。加快发展"互联网+"现代化农业，自 2015 年起，苏州率先启动农业大数据体系建设，涵盖农业生产、管理、经营等全产业链。2016 年 9 月，全国"互联网+"现代农业工作会议暨新型农民创业创新大会在苏州市召开，国务院等领导同志充分肯定了苏州市"互联网+"现代农业发展取得的成效。2017 年 9 月出台《关于加快推进"互联网+"现代农业发展的意见》，结合"一村一品""一镇一业"，全市从事农产品电子商务的企业有 2 100 余个，销售额超过 31 亿元。落实中央"大众创业、万众创新"战略部署，推进互联网与现代农业深度融合，激发农村创业创新

2017年9月，苏州东方花博园开园

活力,培养新农民创业创新典型600多名,带动就业4.7万人,一批规模种养基地、农业企业、农业社会化服务组织、电子商务新业态等创业创新载体应运而生。2018年3月,市委、市政府出台《关于实施乡村振兴战略加快推进城乡融合发展的意见》,按照"产业兴旺、生态宜居、乡风文明、治理有效、生活富裕"的总要求,提出30条具体政策举措,协调推进乡村产业振兴、人才振兴、文化振兴、生态振兴和组织振兴。在全市开展"三高一美",即高标准田园小综合体、高标准水产养殖、高标准蔬菜生产和美丽生态牧场示范基地创建活动。进一步优化乡村产业布局,推动现代农业转型升级,努力率先实现农业农村现代化,走出一条具有苏州特点、体现标杆水平、城乡融合发展的乡村振兴道路。

新型城镇化展现新面貌

城镇化建设是经济社会发展的必然趋势,也是工业化、现代化的重要标志。改革开放以来,随着经济社会的发展,苏州城镇化建设步伐不断加快,质量不断提升,水平不断提高。改革开放初期,特别是农村家庭联产承包责任制实施以后,乡镇工业快速发展,促进、推动了农村生产和生活空间的扩张,农村劳动力不断由农村向乡集镇转移,有力推动了城镇化的发展。乡集镇的建成区规模、人口规模和经济总量不断扩大,经济结构也得到有效优化。在此背景下,市委、市政府把建设发展小城镇作为苏州经济社会发展上水平的一项战略任务,确定了"建设经济繁荣、文化发达、设施完善、功能齐全、环境优美、城乡渗透的现代化小城镇"的目标,以及小城镇规划必须面向未来、面向现代化、面向世界"三面向"的规划原则。其间,县、乡两级以"先规划,后建设"的理念,加强小城镇建设规划的制定工作,对规划技术人员进行培训;对小城镇的工业厂房、商贸服务网点、文化娱乐设施、市政基础设施、绿化景观、居民住房等方面进行了综合性的、与现代化相适应的开发性建设。苏州市对符合条件的乡集镇"撤乡建镇",实行"镇管村"的新体制。1985 至 1992 年,全市共有 109 个乡"撤乡建镇"。各乡镇对道路、水电、通信、市政养护、环保、教育、卫生、文化娱乐设施等按照现代化城镇要求进行建设,平均每年对基础设施建设的投入达 300 万元～500 万元,部分乡镇达 2 000 万元～3 000 万元。经过 10 多年的开发建设,到 1992 年,全市共有 164 个小城镇,建成区规模从平均 0.3 平方公里扩展到1平方公里左右,人口增加到平均2万人左右。19个镇被列入江苏百家名镇。

20世纪80年代,常熟市碧溪乡走出了一条依托乡镇工业建设发展小城镇的"碧溪之路"

20世纪90年代后,国家实施浦东开发开放战略,苏州市在邓小平南方谈话指引下,掀起大开发、大开放的热潮。苏州市在全市范围内办了5个国家级开发区、10个省级开发区和多个乡镇工业小区。全市各地以开发区和乡镇工业小区建设开发为载体,加快推进农村城镇化建设。1994年,苏州开展了以提高农村城镇化水平为主要目标的农村现代化建设试点和小城镇综合改革试点工作,昆山市被确定为全国小城镇综合改造试点市(县)。次年,又确定了全市12个试点镇、40个试点村的农村现代化规划。各县级市的城关镇,依靠依城建设的各级开发区,在制度、技术、管理及服务上进行创新,突破了小城镇的思维框架,全面拉开城市建设布局,形成了各具特色的区域经济社会综合体,也是一个个集聚众多资源并高速发展的"新城区"。

在小城镇建设规模量态扩张基本完成的基础上,苏州市逐步推进原有城镇结构的调整,坚持以质态提高为重点,走可持续发展之路,市委、市政府于1999年6月通过《关于进一步加快小城镇建设的意见》,

加快小城镇建设步伐。全市的小城镇建设工作开始着力于深化和完善村镇规划,在全面开展新一轮乡镇规划编制调整的基础上,加强全市27个重点中心镇的规划建设工作,重点进行镇区、主要地段详规编制工作。同时,因地制宜,相应编制古镇保护规划及集镇街景、风景区、农民居住小区的详细规划,以指导村镇建设工作,并以老村改造为突破口,努力探索村庄建设新思路。苏州各县相继撤县建市,扩大县城镇、发展中心镇、保护特色镇、撤并小乡镇,因地制宜地做好城镇布局的调整工作,使小城镇规模得到迅速发展。到2000年底,全市小城镇建成区平均面积扩大到1.95平方公里,常年居住人口达到130万,小城镇绿化覆盖率达32%,自来水普及率达100%。张家港市塘桥镇、昆山市淀山湖镇、常熟市大义镇、昆山市周庄镇以及吴江市黎里镇被国家建设部命名为全国小城镇建设示范镇,成为各地学习和借鉴的典型样板。

进入21世纪,苏州城乡面貌发生了巨大变化,城市化水平也有了较大的提高。但同时也存在着城市化滞后于工业化,城镇布局不尽合理,城乡规划建设管理水平不够高,中心城市综合实力和集聚辐射能力不够强等问题。为了适应不断变化发展的新形势,苏州于2003年4月出台《关于加快城市化进程的决定》,明确提出要按照城乡统筹的要求,构建起以苏州中心城市为核心、5个县级市城区为枢纽、10多个中心镇为基础的国际化、现代化的区域城市框架。2008年,苏州市被省委、省政府列为城乡一体化综合配套试点区,提出实现城乡规划、产业发展、基础设施、公共服务、就业保障和社会管理"六个一体化"。2012年,苏州按照区域统筹、集聚集约、因地制宜、低碳生态的原则,优化全市空间布局,实施行政区划调整,将沧浪、平江、金阊三区合并为姑苏区,县级市吴江市撤县设区,建设东部综合商务城、西部生态科技城、南部太湖新城和北部高铁新城,为中心城区做大做强迈出了关键一步。全市各地按照城乡一体化的部署,积极推进"三集中"和"三置换",通过工业向规划区集中、农民向社区集中、农用地向规模经营集中,优化了城镇、工业、农业、居住、生态等规划布局,城乡空间进一步融合,资源得到优化配置。全市全面合并实施城乡居民养老保险、医疗保险及最低生活保障制度,加快推进经济发达镇行政管理体制和小城镇改革试点。到2013年,全市92%的农村工业企业进入工业园,91%的承包耕地实现规模经营,52.2%的农民实现集中居住,基础设施和公共服务设施实现了城乡全覆盖。城市基础设施不断地向农村延伸,形成城乡网络型的空间结构,全市完成了10 167个自然村环境整治,城乡一体的网络化交通格局也基本形成,使广大农民充分享受工业化、城市化的发展成果。城乡居民收入比为1.91∶1,常住人口城镇化率达到73.15%。

2017年4月,全国特色小镇太湖国学音乐小镇——吴江区七都镇迷笛音乐节现场

党的十八大以来,苏州按照中央和省委的部署,大力推进以人为本的新型城镇化。全市各地依托已有的山水和人文条件,着力改善城镇基础设施,提升公共服务水平,优化城乡产业结构及城乡空间布局,建设江南特色美丽镇村,优化综合交通运输网络支撑,推进建设新型城镇

化。2014年,苏州市发布《苏州市新型城镇化与城乡发展一体化规划(2014—2020)》。该规划提出,构建完善以苏州市区为核心、4个县级市市区和50个中心镇为骨干的"1450"城镇体系,作为全市新型城镇化和城乡发展一体化的空间战略。其后,全市以城市和小城镇为双基点,推进中心城市和县级市以创新驱动为主的城镇化和以小城镇为主的"就地城镇化"并举的城乡共生型新型城镇化战略,并以主要交通干道为纽带,加强新城区、小城镇、新型农民居住区建设,推动城乡空间结构由点轴发展模式向网络化发展模式转变,逐步构建"'1450+'新型农村社区"城乡网络空间结构,不断完善中心城市、县级市和城镇功能,提升苏州市域城镇体系整体实力和城乡一体化发展水平。随着城镇化体系的逐步完善,苏州以常住人口为基础的公共服务制度、全市统一的社保体系、城乡统一的就业制度基本形成,与农业转移人口市民化相适应的户籍管理制度、土地管理制度、行政管理体制基本确立,水利(水务)、电力、公路、轨道交通、有轨电车、4G网络等基础设施城乡全覆盖基本实现,1个中心城市、4个副中心城市、50个镇的城镇发展格局基本形成。甪直、震泽、海虞、七都、陆家镇入选为国家级特色小镇。2017年,苏州的常住人口城镇化率达到75.8%。

2005—2017年苏州城镇化率变化情况

现代综合交通网络
助推苏州经济社会发展

改革开放以来,苏州城乡交通快速发展,日新月异,形成了以公路、铁路、水运等运输方式构建的综合运输网络,交通运输能力实现了跨越式的发展,苏州进入了城乡交通立体化建设的新阶段。

一是公路等级不断提高,覆盖区域越来越广。改革开放之初,苏州全市境内公路总里程约为1 000多公里,最高等级仅是二级公路,共16.4公里。当时市域境内无高速公路,公路的主骨架由312国道、318国道、204国道及227省道组成,共400多公里。支线为农村公路,大多

纵横交错的苏州高架桥

呈鱼刺形依附于干线公路，里程约为 800 公里。随着改革开放的不断深入，历届市委、市政府始终保持有效投资力度用于公路建设，全市境内公路等级和里程不断得到提升，覆盖区域也越来越广。截至 2017 年末，全市公路总里程为 12 658 公里，有高速公路、国省道干线及农村公路三种公路形态。境内高速公路里程 598 公里，形成了"一纵"（苏嘉杭高速公路）、"三横"（沿江、沪宁、沪苏浙高速公路）、"一环"（绕城高速公路）、"六射"（常昆、苏昆太、苏沪、苏嘉甬、苏锡、苏震桃高速公路）的高速公路网，基本形成干支相连、县乡相通、四通八达的公路运输网。

二是铁路建设快速发展，全面走向"高铁时代"。改革开放之初，苏州市内仅有一条铁路（京沪铁路沪宁段），铁路轨道里程 74 公里。改革开放以来，随着长三角城市群的发展，区域内人流、物流不断增加，京沪铁路沪宁段虽几经改造提速，仍无法满足日益增长的运力需求。2008 年，借着国家先后开启京沪高速铁路和沪宁城际高速铁路建设的契机，苏州的铁路建设进入一个快速发展的时代。与此同时，为配合铁路运力的快速增长，苏州火车站在原址进行了扩容改造升级，场站规模由原来的 3 个站台 6 条到发线扩至 7 个站台 16 条到发线。经过几年的

2013 年建成使用的苏州新火车站

建设,随着沪宁城际高速铁路(2010年)和京沪高速铁路(2011年)相继通车,苏州进入"高铁时代"。

三是航道整治和港口调整促进水运体系加速发展。苏州自古以来就河网密布,湖泊众多,航道四通八达,水运乡乡通航。改革开放之初,苏州航道虽多,但大多仍处于自然状态,河窄水浅弯多,经常发生阻船和沉船事故。为提高航道通行能力,40年来,市委、市政府始终重视市内主要干线航道的拓宽整治工作,相继完成了京杭运河苏州段、环城河、申张线等多条航道的整治工程。在提升航道标准的同时,苏州市还通过调整市区内河码头和长江港口码头的布局来不断提升水运能力,市内港口码头经陆续扩建和新辟,港口吞吐能力逐年增长。原有长江三个港口(太仓港、常熟港、张家港港)于2002年实行三港合一,整合建立苏州港,目前已成长为中国内河第一港。截至2017年,苏州已建成"两纵八横"的干线航道网和"一环四射"的旅游专用航道,构建了以长江港口为门户、五级以上航道网为主体、内河中心港为集散地的水运体系,逐渐成为华东三省一市水上枢纽和水陆物资集散中心。

四是城市道路不断升级,立体化交通方便市民出行。苏州是一座著名的历史文化名城,2 500多年来,城市格局一直延续着"水陆并行、河街相邻"的特色。改革开放之初,苏州市内道路主要以临河街巷为主,密度大、宽度窄、桥梁多。改革开放之后,苏州市委、市政府依照规划,不断加大古城保护和新城建设力度,城市道路和桥梁也不断得到拓展。40年来,市区道路不断扩建,城市桥梁不断增加。内环快速路和中环快速路先后建成通车,城市古桥、新建桥梁和立交桥交相辉映,城市道路交通网络初步建成。2012年后,随着苏州相继建成并开通运营轨道交通1号线、2号线、4号线,有轨电车1号线(高新区)等多条轨道交通线路,城市交通更是向着立体化发展的道路快速前进。

五是交通亮点工程不断,从无到有实现新的突破。40年里,苏州城市交通实现了跨越式发展,亮点颇多。1994年太湖大桥建成通车,

苏州建成轨道交通

全长4 308米,为中国内湖第一长桥。1996年沪宁高速公路苏州段建成通车,为苏州境内首条高速公路。2010年内环快速路建成通车,苏州首次拥有了环城快速通道。2012年苏州轨道交通1号线正式开通试运营,苏州成为国内首个独立开通轨道交通的地级市。

改革开放40年来,苏州经济的高速发展,为城市交通立体化建设奠定了坚实的资金基础;与此同时,苏州的经济也搭乘着交通的快车道,得以优质、迅猛发展。

"三港合一"苏州港成为内河第一港

苏州市地处长江入海口的江海交汇之处,拥有长江岸线139.9公里,市内原有太仓港、常熟港、张家港港三个港口,均为国家批准的一类口岸。2001年三港共完成货物吞吐量3 565万吨,位居全国内河港口第二位。为确保领导、规划、管理、政策"四统一",加快苏州市沿江三港的综合开发建设,充分发挥区位优势,整合长江岸线资源,理顺全市长江港口管理体制,发挥港口对国民经济发展的促进作用,做大做强苏州港口经济,2002年5月,苏州市利用国家港口体制改革之机,决定成立苏州港口管理委员会,对涉及港口的重大问题进行指导、高层决策和协调解决。同年8月,按照"一城一港一政"的原则,市委、市政府做出了"将原太仓港、常熟港、张家港港三港合一建立苏州港"的决策,对外推出苏州港品牌,原三个港口分别更名为苏州港太仓港区、苏州港常熟港区和苏州港张家港港区。

苏州三港组合后,按照"统分结合"管理,苏州市交通局增挂苏州港口管理局,对全市港口进行统一的行政和行业管理。在沿江三市分设港口管理分支机构,三个港区的港口行政管理部门均实行"两块牌子,一套班子"的管理模式。

组合后的苏州港,针对腹地经济特点和临港产业发展进行布局定位,在区域内做到有序竞争、优势互补、错位发展。根据2013年10月通过的《苏州港总体规划(2011—2030)》,苏州港是我国沿海主要港口和综合运输体系的重要枢纽,是上海国际航运中心重要组成部分,是长江三角洲及长江沿线地区经济社会发展和扩大对外开放的重要支撑,是苏州市、江苏省经济社会发展和促进苏南现代化建设的重要依托。苏州港将重点发展为公共服务的综合运输枢纽作业区,以集装箱、能源和原材料运输为主,规模化地发展与苏州市沿江产业布局相适应的为临港工业服务的作业区,大力发展港口物流和临港产业,形成"一港三区、十四个作业区"的总体发展格局,逐步发展成为布局合理、能力充分、设施先进、功能完善、管理高效、安全环保的现代化综合性港口。

太仓港开港典礼

　　太仓港区历史悠久,漕运发达,郑和下西洋曾在此起锚。苏州港成立之前,太仓港 2000 年集装箱吞吐量达到 4 万标箱,货物吞吐量达到 226 万吨,拥有中远国际城港区、荡茜港区、茜泾港区三个特色港区,港口发展迅速,但辐射范围有限。苏州港成立之后,作为苏州港的核心港口,苏州市对太仓港的开发建设进行了专题研究和重点部署。2002 年成立太仓港船舶服务有限公司,改变了太仓港原先没有拖轮、交通艇、油污水接收船的历史,增强了港口水上救助和水上消防力量,为港口的高效生产提供了保障。2004年,长江石化仓储基地扩容,6万立方米储罐投入使用,将港区液体化工品、成品的储存能力提高到25.2万立方米。同时,太仓港长江水域危险品专用锚地正式启用,从而结束了进出太仓港的危险品船舶无处抛锚的历史,标志着太仓港的港口配套功能更趋完善,港口综合竞争力得到进一步提升。同年,太仓港开通至台湾航线,不仅为苏州乃至苏南地区的对台贸易构建了更高的平台,而且为太仓港实现100万标箱创造了条件。2005年,太仓港保税物流中心开工建设,分为国际采购、国际配送、国际中转、件杂货仓储4个部分。整个区域以海关封闭监管为核心,具有进出口货物保税仓储、国际物流分拨配送、简单加工和增值服务、进出口贸易、转口贸易、物流信息处理等功能。这为提升太仓港配套功能创造了又一个重量级的平台。2006年,依据《太仓港总体布局规划》,明确了港区建设泊位172个,其中万吨级以上泊位82个(集装箱泊位48个),设计吞吐能力2.82亿吨、2 210万标箱,总体能力与韩国釜山港和我国深圳港处于同一水平,基本具备了世界级港口的规模。至2017年底,港区共有生产性泊位48个,通过能力9 733万吨,集装箱通过能力435万TEU(20英尺标准集装箱),其中万吨级以上深水泊位28个,通过能力8 159万吨。

张家港港区1968年建港,最初是作为上海港的战备港和分流港,1982年经国家批准,成为长江内河流域第一批对外开放的一类口岸。港口开放之初,张家港港口规划岸线仅为5.5公里,港口货物吞吐量不足200万吨。1986年张家港市成立,张家港港口开始迅速发展起来。三港合一建立苏州港后,张家港港区依托大苏州范围的区位优势,不断加大开放力度和建设力度。2006年,港口货物吞吐量达到1.02亿吨,成为全国县域口岸第一个亿吨港。至2017年,港区建有泊位135个,其中万吨级以上泊位73个,主要以服务长江中上游地区物资转运和张家港市临港产业开发为主,重点发展煤炭、铁矿石、粮食等大宗散货和

1983年，第一艘外籍万吨货轮——巴拿马籍"日本商人"号驶抵张家港港

集装箱、液体化工品、件杂货运输。

　　常熟港区拥有长江岸线32.1公里，自1996年成立后，常熟港始终坚持"以港兴市"发展战略，不断加快港口建设步伐。建设之初，常熟港倡导多渠道、多形式、多元化的投资方式，鼓励业主自建码头。三港合一后，港区以服务于常熟市经济发展和临港产业开发为主，重点发展煤炭、件杂货、液体化工品运输，兼顾集装箱运输功能。截至2017年，共建成泊位59个，其中万吨级以上泊位24个，最大靠泊等级10万吨级，对外开放码头泊位25个，港口综合通过能力5 156.4万吨。港口累计完成货物吞吐量8 828.1万吨，其中外贸量1 632.5万吨，集装箱40.15万标箱，已与53个国家和地区的265个国际港口通航通商，形成了钢材、纸浆、木材及化工品等特色货种，是长三角区域进出口钢材、木材等货物重要的中转港和华东地区纸浆集散港口。

　　苏州实行"三港合一"，推出苏州港品牌后，第一年全港即完成货物吞吐量4 872.3万吨，增幅达36.7%。2005年，苏州港货物吞吐量

常熟中远海运物流船务部代理的双吉航运船舶"四舰并靠"常熟兴华港

达到 1.19 亿吨,跻身全国亿吨大港行列。经过多年的发展,苏州港已成为支撑苏州市经济和社会发展的重要基础设施,带动沿江产业开发、实施江苏省沿江开发战略的重要支撑,长江沿线地区物资转运和对外运输的重要门户,在长江三角洲综合运输体系中发挥着越来越重要的作用。至 2017 年,苏州港完成货物吞吐量 6.05 亿吨,外贸货物吞吐量 1.54 亿吨,集装箱货物吞吐量 588 万标箱,高居全国港口货物吞吐量第三名,内河港口第一名。

推进水利水务建设保障水安全

苏州地处太湖下游、长江三角洲中部,全市地势低平,境内河流纵横、湖泊众多,河流、湖泊、滩涂面积占全市土地面积的36.6%,是典型的江南水乡。水域面积大加上地势低平的特点,使苏州容易遭受洪涝的侵袭,形成"水乡泽国"。改革开放以来,苏州历届市委、市政府高度重视水利水务事业,基本建成了防洪、挡潮、除涝、灌溉、供水、治污等水利水务工作管理体系,保障了苏州经济社会持续健康发展。党的十八大以来,全市认真贯彻学习习近平总书记新时期治水方针,苏州的水利建设着眼"水惠民生"服务品牌,统筹推进水安全、水环境、水资源、水生态、水文化建设,取得了明显成绩。

农村水利建设不断提升。农村水利建设包括农田水利、圩区改造和农村河道疏浚等内容。改革开放以来,苏州市委、市政府大搞农田水利建设,掀起了大干水利的热潮。1989年中央出台《国务院关于大力开展农田水利基本建设的决定》,"八五""九五"期间,苏州紧紧围绕防洪保安全、改造低产田、建设吨粮田、增粮增棉这一目标,按照挡得住、排得快、灌得好、降得下、能控制的标准,大力开展农田水利基本建设。2009年国家开始设立农田水利建设专项基金,苏州多县市区被列为中央财政小型农田水利重点县。1995年制定《苏州市吨粮田建设标准》,1999年10月制定《苏州市圩区治理规划标准》,提出了2000—2002年三年治理圩区计划目标,至2002年底,完成圩堤3 911公里,加固土方2 574万立方米,建设堤防护岸339公里。全市共有各类河道2.1万多

2009年组建的相城区澄阳污水处理厂

条,主要有长江、望虞河、太浦河、大运河等流域性河道。2006年1月制定了《苏州市农村村庄河道疏浚整治实施管理办法》,从河道土方疏浚、河道清障、长效管理三个方面提出了要求,实施分级负责和分级验收制度。至2010年6月30日,全市疏浚整治各级河道12 020条、11 174公里、13 723万立方米。2013年开始,全市加快推进木桩、生态砌块、生态袋等多种形式的生态河道建设,每年完成200公里左右,到2018年3月,全市已建设1 097公里生态河道。

重大水利水务工程建设不断推进。具有"东方威尼斯"之称的苏州,水是它的一个突出特点。全市共有流域性防洪堤防500多公里,圩区总面积5 536平方公里,占全市总面积的65%,防汛压力大、任务重。改革开放以来,苏州经历多次特大台风、暴雨、洪涝灾害,为了保护人民的生命财产安全,苏州推进了太湖流域综合治理、城区防洪综合治理工程和长江堤防达标建设等重大水利水务工程。

1991年7月的特大洪涝灾害加速了太湖治理工程的全面实施,望虞河工程、太浦河工程、环太湖大堤工程先后实施完成。2008年开展东太湖综合整治,至2013年底基本完成,实现水利、资源环境和经济效益的多赢,形成了苏州湾新景观。

2011年完成第二期生态清淤工程的城区饮用水水源地——太湖金墅港

1999年11月,市委、市政府开始推进城区防洪综合治理工程。该工程以高标准防洪建设和低洼地区居民住宅综合改造为重点,到2001年全面完成,新建及加高、加固驳岸57公里,建成防洪道路4 756米,完成防洪绿化工程17.7万平方米。为增强防洪效果,2011年底苏州又启动了七浦塘拓浚整治工程,2016年底全部建成。该工程配合浏河、杨林塘、白茆塘等骨干通江河道,增强太湖流域洪水北排长江的能力,将防洪标准从20年一遇提高到50年一遇。2017年,七浦塘入选"江苏省最美水地标"。此外,2017年启动的京杭大运河堤防加固工程侧重"2+N"功能,在提升防洪工程建设的同时提升两岸生态、文化建设。

1998年全流域性大洪水后，苏州着力打造长江堤防达标建设，不断加高加固长江堤防、提高防洪等级。对长江堤防的保护建设，主要是认真贯彻落实习近平总书记"共抓大保护，不搞大开发"指示精神，常熟市大力实施长江铁黄沙生态修复综合整治工程，将长江滩涂打造成为万余亩生态绿洲。

城乡供水体系不断优化。为了优化城乡供水体系，改革开放以来，苏州市委、市政府不断加快城乡水环境整治，提出了以"疏、截、治、引、管"等为主要内容的综合治理方案。城区先后开展河道杂船整治、黑臭河道整治、110条河道清淤贯通、自流活水等项目。经过整治，城区实现了全城活水、持续活水、自流活水，河道水质也有了较大提升，基本消除了黑臭现象，城区系列治水工程连续七年被评为"苏州十大民心工程"。农村水系优化主要是对生活污水的治理，2015年启动实施的农村生活污水治理三年行动已圆满收官，治理村庄5 000个，农村生活污水治理率达到80%，重点村特色村实现全覆盖，形成了独具特色的"苏州治理"模式，被省领导批示，《人民日报》等中央媒体也报道过。

城乡供水体系的不断优化，是苏州深入贯彻落实党的十九大精神、牢固树立"绿水青山就是金山银山"的理念，实施黑臭水体整治的结果。苏州市在全省黑臭水体整治年度考核中，连续两年总分第一。截至2017年底，苏州累计整治完成118条城镇黑臭水体，常熟市、吴江区、姑苏区等地涌现出一批水岸环境质量改善十分明显的河道。

水资源管理全面推进。为了加强对水资源的保护，苏州历届市委、市政府不断推进水资源管理。不仅在2010年实施《苏州市节约用水条例》加强制度管理，还不断推进节水型城市建设和河长制等举措。2011年，苏州市区和各县级市均创建成国家级节水型城市，成为全国首个节水型城市群。2015年，苏州又高分通过国家节水型城市复查，节水工作走在全国前列。根据中央《关于全面推行河长制的意见》，苏州深化河长制改革，把河长制纳入全市全面深化改革工作中去，初步形成了"河长主导,党政领导,主官督导,部门指导,社会引导"的河长制工作格局。这种创新设置河道主官的做法,得到了中央媒体的认可。

　　苏州的水利水务事业,在市委、市政府的领导和全市人民的共同努力下不断提升。2013年,苏州成为全国首批46个水生态文明城市试点之一。2017年又高分通过验收,成效显著,特色突出。通过水利水务建设,苏州有效改善了民生福祉,完美提升了"人间新天堂"现代水乡的城市形象。

建立健全多层次全覆盖社会保障体系

改革开放以来,苏州市经济体制改革不断深入推进,与之相适应的社会保障体系也在逐步建立。经过多年的努力,苏州建立起城乡一体的社会保障制度体系,实现了城乡养老保障、城乡医疗保障、城乡最低生活保障三大并轨,失业、工伤及生育保险制度得到实施与完善,社会保障事业取得了显著成绩。

推进城乡养老保障制度并轨。苏州的养老保障制度改革起步于1985年,首先实行国营企业职工养老金社会统筹,以后逐步扩大到其他企业。1993年,除经国务院批准实行行业系统统筹的企业外,苏州市实行统一的企业职工养老保险制度。2005年3月,苏州市将自谋职业者、自由职业者以及从事非全日制、临时性和弹性工作的自主就业或非正规就业人员纳入养老保险。同年6月,又将在苏州工作的外国人、华

社保工作人员上门为老年居民发放养老补贴

侨、港澳台人员纳入养老保险范围。

农村的养老保险从20世纪80年代初就开始探索。当时的沙洲县锦丰乡的农村合作保养制度是我国农村社会养老保险的雏形。2003年，苏州市颁发《苏州市农村基本养老保险管理暂行办法》，对农村劳动力实行两种社会养老保险办法：一是农村各类企业及其从业人员，参加城镇企业职工基本养老保险；二是建立农村基本养老保险制度，将从事农业生产为主的农村劳动力纳入农村基本养老保险。2004年，将2003年前被征地农民也纳入城镇社会保障范围。

为切实解决城乡老年居民的老有所养问题，苏州从2007年1月起在城镇老年居民中实行养老补贴办法，符合条件的城镇老年居民可按月享受150元养老补贴。2009年4月，苏州出台《苏州市城乡一体化发展综合配套改革就业和社保实施意见》，进行城乡社会养老保障制度一体化改革。2011年末，苏州市出台《苏州市居民社会养老保险管理办法》及实施细则，对城乡居民实行统一的居民养老保障制度。该制度涵盖的对象更加广泛，把新农保制度、城镇老年居民补贴制度等统一纳入居民社会养老保障制度框架之中。2012年，苏州全面完成农村养老保障制度与城镇养老保障制度并轨。

推进城乡医疗保障制度并轨。苏州作为全国城镇职工基本医疗保险制度改革扩

2006年1月，苏州在全国率先实行少儿医疗保险制度

大试点城市之一,于1997年启动试点,2000年颁布《城镇职工基本医疗保险暂行办法》。2004年,先后制定实施市区困难人群医疗救助、城镇职工基本医疗保险、地方补充医疗保险、市区医疗保险参保人员医疗救助等方面的管理办法,逐步形成以基本医疗保险、大额医疗费用社会共济、地方补充医疗保险、社会医疗救助为内容的"四位一体"的医疗保障体系。同时,解决非就业居民的医疗保障问题,即实行城镇老年居民医疗保险、少年儿童住院大病医疗保险及20世纪60年代精简退职人员医疗保险办法。

为解决农村居民的社会医疗保险问题,2003年,市政府制定《苏州市农村合作医疗保险管理办法》,建立市、市(区)、镇、村四级农村合作医疗保险组织。2007年,《苏州市社会基本医疗保险管理办法》颁布,将新农合转入居民医保,加快实行城乡统一的居民医疗保险制度,从制度层面上统筹解决医疗保险覆盖城乡居民的问题。从2009年起,苏州市积极推进全市各统筹区域实现统一覆盖范围、保障项目、标准待遇、医疗救助和管理制度的职工医疗保险政策框架的"五统一"工作。2011年,失业保险和职工医疗保险两大险种实现首次对接,为领取失业金人员缴纳基本医疗保险费,保障失业人员享受职工基本医疗保险待遇。2012年,全市实现了新型农村合作医疗制度与城乡居民医疗保险制度的衔接并轨。其后,苏州市在完善城乡一体化社会保障制度的过程中,创新、完善社会医疗政策体系,形成以职工基本医疗保险、城乡居民基本医疗保险为基础,地方补充医疗保险、社会医疗救助(大病保险)为补充的多层次医疗保险体系。

实行城乡最低生活保障制度并轨。最低生活保障制度是以保障公民基本生存权利为目标的社会救助制度,是社会保障制度的重要组成部分。历届市委、市政府高度重视民生工作,把完善社会救助体系作为民生建设的重点。从1996年和1998年建立城市、农村居民最低生活保障制度以来,低保制度不断完善,低保标准不断提高,管理机制不断优化。1998 年后,全市开始尝试推进城乡一体的最低生活保障制度,在操作程序、资金保障、动态管理等方面,城镇、农村完全一致,且不断缩小低保标准之间的差距。2011 年 7 月 1 日起,城乡最低生活保障标准由每月 450 元、400 元统一提高至 500 元;城乡"五保"供养对象供养标准及低保边缘、重残、特殊残疾人生活救助标准按原政策规定同步调整;20 世纪 60 年代初精减退职老职工生活补助标准,由原来的每月 690 元提高到 750 元。此次标准的调整,标志着苏州市城乡最低生活保障全面实施并轨。

实施与完善失业、工伤、生育保险制度。失业保险[①]制度于 1986 年 10 月在苏州市建立。开始是在全市国营企业职工、机关事业单位和社会团体的劳动合同制工人中建立失业保险制度,之后逐步扩大到集体企业及事业单位全部职工。至 2000 年 7 月,失业保险制度覆盖全市所有机关、企事业单位、民办非企业单位以及军队事业单位中无军籍的职工。到 2006 年,失业保险制度覆盖全市所有企事业单位、民办非企业单位及其职工,个体工商户及其雇工,机关、团体单位劳动合同制工人。

1997 年 7 月,《苏州市职工工伤保险暂行办法》颁布,建立工伤保险基金。2001 年,全市实施工伤保险制度。到 2003 年,工伤保险覆盖城镇所有用人单位及其职工。2005 年 4 月起,苏州市将农民工、乡镇区域内企业和个体工商户纳入工伤保险的范围,并率先在全省实行机关事业单位参加工伤保险。全市未纳入工伤保险统一管理的原企业"老工伤"人员,也纳入工伤保险统一管理。全市的工伤保险制度由工伤补偿向工伤预防和工伤康复延伸,全力维护工伤职工和企业的合法权益。

为保证女职工生育待遇,苏州市于 1989 年实行女职工生育补偿,

---

① "失业保险"开始称"待业保险",1993 年 11 月后改称为"失业保险"。

开始探索妇女生育社会保障制度。到1997年7月,苏州市的生育保险制度正式建立。2003年后,苏州市积极探索生育保险与医疗保险同步推进,进一步巩固完善生育保险制度。2007年4月,苏州市在全省率先对参保职工实施了社会化管理,逐步调整提高职工生育保险的待遇。

目前,苏州在全国率先实现了户籍人口全部纳入城乡一体的社会保障制度,社会保障水平明显提高。2017年,全市最低工资标准上调至每月1 940元。年末全市基本养老保险缴费人数548.63万人。城乡居民社会养老保险参保人数44.88万人,领取基础养老金人数41.97万人,城乡居民基础养老金继续提高。城镇职工基本医疗保险参保人数683.56万人,失业保险参保人数463.47万人,工伤保险参保人数469.13万人,生育保险参保人数486.21万人。居民医保财政补贴提高到每人每年480元。全市城乡最低生活保障标准提高到每人每月875元。年末全市1.6万户、共计2.5万人享受低保,全年发放低保金2.15亿元。年末拥有各类养老机构224个,养老机构床位总数67 323张。

教育优先办人民满意的教育事业

教育是百年大计、立国之本。苏州自古以来就有重视教育的传统,历史上曾出现过51位状元,居全国各城市之首。新中国成立以来,苏州籍两院院士已达111位,在全国地级市中名列榜首。改革开放后,苏州市委、市政府始终优先发展教育事业,努力办让人民满意的教育事业,在延续优良历史传统的基础上,不断创新发展,为苏州经济建设、科学技术进步和社会全面发展奠定了坚实的基础。

一是中小学义务教育向优质、公平、均衡发展。改革开放之初,苏州中小学教学条件普遍较差。市委、市政府每年投入大量资金用于校舍的维修和教学设备的添置,至20世纪90年代初,城区完全小学全部建成"四室一场"(自然实验室、图书阅览室、音乐室、电化教室、运动场),中心小学建成"六室一场"(在四室基础上增加美术室、劳技室)。1992年,全市城乡2 988所中小学全部通过省实施义务教育办学条件标准,成为全国第一个依法全面实施九年制义务教育和高标准扫除青壮年文盲的城市。2000年后,随着外来人口的不断增加,苏州市中小学义务教育资源短缺的矛盾逐渐显现出来,为了保证教育优先,保障教育公平发展,办人民满意的教育事业,苏州一方面加大公办学校吸纳率,并从2016年起实行流动人口积分管理政策,保障外来人口子女就近入学。另一方面不断加快公办学校建设步伐,发展民办教育品牌。40年来,苏州通过新建、改扩建公办学校,发展了一批像苏州外国语学校、张家港常青藤实验中学、北外附属苏州湾外国语学校、北美国际高

2010年建成使用的苏州市实验小学校新校区

中、南京师范大学苏州高铁新城实验学校等民办学前和义务教育学校,有效缓解了公办义务教育资源短缺的矛盾。同时,通过建设在线开放课程,开展跨校、跨学段的数字课程选修,建立数字资源超市与资源推荐目录,吸引第三方机构与教师个人共享优质资源等办法,不断深入推进教育现代化,促进教育均衡发展。此外,苏州还不断发挥名师的引领和辐射作用,加大培养骨干、打造名师的工作力度。截至2017年,苏州市代表国家最高层次的国家"万人计划"中小学教学名师居全省之首,被列为全省教育系统最高层次人才培养的对象居全省之首,代表全省教学成果的最高奖项的获奖数量最多,代表全省最高水平的中小学正高职称专业技术人员和最高荣誉的特级教师总量保持领先。

二是职业教育向应用化、专业化特色发展。改革开放以来,苏州的职业教育随着地方经济的发展、产业结构的调整而不断转型升级。改革开放之初的七八十年代,苏州以加工制造产业为主的乡镇企业异军突起,为培养企业所急需的初、中级技术工人,苏州市先后出台了《关

全国唯一培养评弹艺术表演人才的"摇篮"——苏州评弹学校

于发展城市职业教育的若干规定》《关于发展农村职业教育的若干规定》等文件,相继开办了商业、轻工、财经、电子、化工、旅游、丝绸、纺织、机械等职业类学校,培养了大量相关专业的技术人才。90年代开始,苏州各县区相继开始了开发区建设,外资企业不断进入苏州,原先以传统纺织、丝绸、机械加工为主导的产业体系陆续转变为以通信设备、计算机及其他电子设备制造为主的高新技术产业。产业结构的调整对各类人才的数量和质量提出了更高的要求,苏州职业教育在此期间不断加强骨干学校以及其他职业学校专业的现代化建设。建成国家级重点中专2所、职业中学6所、技校2所,培养了一大批高素质技能型人才。2000年后,苏州高科技产业开始迅猛发展,新材料、物联网、高端装备制造、新能源、生物技术等高科技制造业规模不断扩大。为加快培养配套人才,2002年苏州市出台了《苏州市市区职业教育布局结构调整的总体方案》,决定在上方山、石湖景区建设以高职为主的国际教育园,通过规模化、国际化的教学模式,为苏州经济的发展提供大量复合型专业人才。40年来,苏州职业教育为苏州社会各行各业输送了大量技术、管理人才和高素质技能人才,使苏州的初、中、高技术工人比例得到了稳步提升。

三是普通高等教育向多元化、国际化发展。1978年,苏州只有4所普通高等学校(江苏师范学院、苏州医学院、苏州丝绸工学院、苏州蚕桑专科学校),高等教育资源比较匮乏。随着改革开放的全面展开,各项事业对人才,尤其是高端人才的需求不断增加,苏州高等教育的形态也越来越全面。综合性大学方面:苏州大学通过改名和几次合并(1982年,江苏师范学院更复名为苏州大学,苏州蚕桑专科学校、苏州丝绸工学院和苏州医学院分别于1995、1997、2000年相继并入),规模不断扩大,先后成为国家"211工程"重点建设高校和国家"双一流"世界一流学科建设高校。2016年,苏州科技大学在原苏州科技学院(原建设部直属高校苏州城建环保学院与铁道部原直属高校苏州铁道师范学院合并组建)的基础上升格成立,目前已被教育部批准为卓越工程

苏州大学独墅湖校区

师教育培养计划高校。地方普通高校方面：1981年，苏州市职业大学成立，成为苏州首个地方普通高等院校，其后苏州相继建成了沙洲职业工学院（全国第一所县办的高等学府）和常熟市职业大学（2004年升格为常熟理工学院），实现了地方普通高等教育的"从无到有"。高校研究院方面：为了弥补苏州市域范围内研究型高校偏少的情况，2002年开始，苏州在工业园区成立了独墅湖科教创新区，吸引国内知名高校研究院入驻，力求打造高水平的产学研合作体系。经过多年发展，中国科学技术大学、中国人民大学、南京大学、东南大学等共计18所国内知名高校均已在苏州创办大学研究院。2017年，已有全日制在校生约22万人，其中攻读硕士以上学位的研究生近2万人。中外合作大学方面：2003年，苏州抓住国家颁布《中外合作办学条例》的机遇，开始邀请国外知名大学前来合作办学，以此推动苏州的高等教育走向国际化。2006年，西交利物浦大学建成招生，成为苏州第一所拥有中国学士学位和英国利物浦大学学位授予权的中外合作大学。2013年，昆山杜克大学获得教育部批准正式设立，学校由美国杜克大学和武汉大学联合在昆山创办，是目前唯一一所由美国排名前十位的大学在华创办并开展本科学位教育的合作大学。

推动文化繁荣
彰显历史文化名城魅力

苏州素以历史悠久、文化灿烂、风景优美而著称,改革开放以来,苏州的文化事业进入蓬勃发展的新时期。1982年,苏州被列为国务院首批公布的24个历史文化名城之一。1995年,苏州被国家文化部、人事部评为"全国文化模范市"。进入21世纪以来,苏州市委、市政府多次召开全市文化工作会议,先后组织制定《苏州市2001—2010年文化强市建设规划纲要》《"文化苏州"行动计划》等,以改革创新为动力,推动文化强市建设,打造"文化苏州"品牌,文化工作取得了显著的成效。

优秀文艺作品不断涌现。1978年12月召开的党的十一届三中全会,使我们党和国家实现了伟大的历史转折。同全国各条战线一样,文艺战线也开始繁荣和活跃起来。在1979年10月召开的全国第四次文代会上,邓小平提出了文艺为社会主义服务、为人民服务的方向,指明了改革开放新时期社会主义文艺事业繁荣发展的正确道路,苏州的文艺事业由此进入蓬勃发展的新时期。

20世纪70年代末,苏州一批被禁锢多年的传统戏重新登上舞台,至80年代初,形成了现代戏、新编历史戏、传统戏"三并举"的态势。此后,苏州涌现出一批紧贴社会生活的优秀剧目。苏式滑稽戏《小小得月楼》在1983年登上银幕,《快活的黄帽子》先后获文化部文华新剧目奖、中宣部"五个一工程"奖,实现了苏州在夺取国家级戏剧奖项上的重大突破。为鼓励和引导广大文艺工作者创作出更多文艺精品,

1991年10月25日，市委、市政府决定设立苏州市文学艺术奖，颁发《苏州市文学艺术奖励暂行办法》。苏州市文学艺术奖是市委、市政府设立的苏州市文学艺术最高奖，旨在表彰和奖励取得重要艺术成就，在国内外产生影响的优秀文艺作品和文艺工作者。自1995年苏州被评为"全国文化模范市"以来，文化工作得到了市委、市政府的进一步重视，全市文化建设呈现出全面发展的繁荣态势。

从20世纪末起，苏州文艺创作量质并举，实现了从"定向戏"向国家级文艺精品的跨越。苏州市滑稽剧团的儿童滑稽戏《一二三，起步走》，入选2003年至2004年度国家舞台艺术精品工程"十大精品剧目"，并创下三个"第一"：江苏省第一台国家级精品剧目，国家级精品剧目中的第一台滑稽戏和第一台儿童剧。到"十二五"时期，苏州文艺精品创作已进入全国同类城市第一方阵。全市各级文化部门直属专业文艺院团16个（其中市直5个），年均推出新创大戏（含中篇、长篇评弹）超过10台，年均演出13 000场次，涌现了滑稽戏《顾家姆妈》、青春版昆曲《牡丹亭》、中篇评弹《雷雨》、苏剧《柳如是》、童话剧《快乐木

滑稽戏《顾家姆妈》剧照

马》、芭蕾舞剧《西施》等一批优秀剧目。在美术、书法、摄影、音乐、动漫、电视剧和文化专题片等方面,也涌现了一批具有地方特色、体现时代精神的精品力作。

公共文化服务体系日趋完善。人民群众既是文化的创造者,也是文化的消费者。20世纪80年代至90年代初,苏州通过建设文化中心、开展争创群文先进县(市)区等活动,提高了群文创作的普及性,舞蹈《担鲜藕》《织》等一批具有浓厚地方特色的群文作品脱颖而出。2001年11月,苏州市委、市政府召开全市文化工作会议,组织实施《苏州市2001—2010年文化强市建设规划纲要》,提出"加快城乡群众性文化设施建设,初步形成以标志性文化设施为龙头,群众性文化设施为基础,覆盖全市的文体设施网络"的奋斗目标,并全面落实文化经济政策。根据国务院和省政府的有关文化经济政策,市政府制定了《苏州市进一步加快文化强市建设若干经济政策》,建立"公益性基层文化设施建设发展引导资金",用于扶持和引导公益性群众文体设施建设。

在"公益性基层文化设施建设发展引导资金"的推动下,各市(县)区加大了公共文化设施建设的力度,建成或规划兴建一批图书馆、博物馆、文化馆(中心),一批基层文化设施被评为全国首批"特色文化广场"。至2005年末,全市文化馆、图书馆、城乡文化(文广)站总面积逾52.4万平方米,公共文化服务体系初步形成。"十一五"以来,市委、市政府高度重视文化建设,不断加大投入,加快完善公共文化服务体系。全市各级财政投入资金近40亿元,新建、改建各类文化设施逾72万平方米,苏州博物馆新馆、文化艺术中心、美术馆新馆、文化馆新馆和名人馆等一批大型公共文化设施相继建成营运。

2011年4月,苏州被文化部、财政部确定为全国首批31个国家公共文化示范区创建城市之一,也是江苏省唯一一个入选城市。2013年,苏州市以全国总分第一的成绩,被评定为首批国家公共文化服务体系示范区。统计表明,"十二五"时期,全市新增文化设施面积超过21

苏州市公共文化中心

万平方米,人均公共文化设施面积达 0.27 平方米。各级政府兴办的公益性文化设施单位实现 100% 免费开放。城乡每年开展各类公益性文化展演、展示、讲座、电影放映等活动超 6 万场次,惠及居民 5 000 万人次。大力推进全民阅读,建设书香城市,苏州成为全省首批书香城市建设示范市。"苏州阅读节"每年都吸引数百万群众参与,全民阅读综合指数持续上升,在全国同类城市中保持领先。

文化开放交流彰显特色。改革开放以来,苏州凭借自身的优势,拓展对外文化交流,迎来了对外文化交流的新局面。1980 年,苏州和威尼斯结为友好城市,这是苏州市对外缔结的第一个友好城市,双方就文化、经济、古迹保护等方面开始了交流与合作。1982 年,苏州市戏曲演出团应邀访问意大利,京剧《李慧娘》、昆剧《痴梦》轰动威尼斯。1986 年 10 月 15 日,市委、市政府在公园会堂隆重举行苏州建城 2 500 年纪念大会,来苏参加纪念活动的国际友人、香港同胞、海外侨胞共 230 多人。纪念活动期间,各个专业博物馆和一批新的文物古迹场馆、风景园林相继对外开放,各种纪念性的书籍、画册、宣传品先后发行,扩大了苏州文化在国内外的影响力和辐射力。

进入21世纪以来,市委、市政府高度重视文化开放交流平台的建设,苏州固定承办三年一届的中国昆剧艺术节、中国苏州评弹艺术节,承办了第七届、第八届中国国际民间艺术节和第十六届中国金鸡百花电影节等国家级文化节庆活动,打造了"太湖文化论坛""长江流域民族民间艺术节""江南文化节""郑和航海节""运河文化节"等一批地方特色鲜明的文化活动品牌,优秀文化不断走向海内外。

"十二五"以来,苏州加快文化"走出去"步伐。为进一步调动社会对外文化交流的积极性,2013年,苏州出台《苏州市文化"走出去"扶持项目资金补贴办法(试行)》,推动优秀文化不断走向海外,仅由市文广新局牵头开展的对外文化交流项目就有近百批次,涉及昆曲、评弹、古琴、江南丝竹、吴门书画和刺绣、丝绸等各类工艺美术以及非遗项目、文物展览等,覆盖30余个国家和地区,苏州的文化对外影响力和国际传播能力不断增强,"文化苏州"的国际形象和美誉度显著提升。与此同时,对外文化贸易也稳步增长。据不完全统计,"十二五"时期苏州文化贸易出口总额超过12亿美元,较"十一五"时期增长了30%,产品和服务远销120多个国家和地区,对外文化贸易水平

2016年9月,苏州昆剧院赴英国演出青春版《牡丹亭》合影

位居全国前列。

改革开放以来,苏州在市委、市政府的领导下,致力于传承民族优秀文化,全面活跃群众文化,努力开拓现代文化。经过多年的努力,苏州文化建设取得了阶段性的成果,为打造"文化苏州"品牌,建设文化强市打下了良好的基础,全面提升了苏州的综合竞争力和城市形象。

健康惠民
构建现代医疗卫生服务体系

改革开放以来,随着经济的快速发展,苏州市常住人口和城区面积不断增加,为了更好地满足苏州人民群众多层次、多样化的医疗卫生需求,为全市人民群众提供全方位、全周期的健康服务,苏州市委、市政府不断推动医药卫生体制改革的深化,创建具有苏州特色的卫生服务体系,全面推进健康苏州战略,主要体现在以下几个方面。

公立医院量质齐升,分布更趋均衡。改革开放之初,苏州大市范围内医院、卫生院共计仅204家,医疗水平和医疗服务相对不足。40年来,市委、市政府通过不断优化公立医院设置,稳步推进公立医院改革,不断提升公立医院的质与量。尤其是最近10年,苏州市先后新建、迁

苏州大学附属第一医院平江分院

建了苏州市中医医院、苏州大学附属儿童医院、苏州科技城医院、苏州大学附属第一医院平江分院等一批新医院,医疗卫生人员和床位数得到显著增加。截至2017年,医疗卫生技术人员数为79 623人,其中执业医师和执业助理医师30 259人,注册护士34 468万人,实际开放总床位数66 640张。公立医院的知名度和竞争力不断提升,苏州大学附属第一医院连续5年在中国地级城市医院100强排行榜中雄踞榜首,并在2017年中国竞争力顶级医院排行榜中名列第34位。

相城区灵峰社区卫生服务站

基层卫生服务机构体系和能力不断增强。为了缓解大医院就诊压力,破解老百姓看病贵、看病难问题,苏州市不断探索分级诊疗工作。1999年底,苏州就已经搭建完成了全市城乡社区卫生服务网络,逐步将卫生资源配置的重心向社区转移。全市按照农村卫生服务站不少于200平方米、城市卫生服务站不少于300平方米的标准,建成社区卫生服务站844家。2005年,苏州市出台了《苏州市社区卫生服务发展规划》,通过规范基层医疗机构管理,提高基层医疗机构的综合水平,促进社区卫生服务机构提档升级,提升基层卫生服务能力。截至目前,全市已建成省级社区卫生服务先进区(市)6家,国家级示范社区卫生服务中心3家,省示范乡镇卫生院22家、示范社区卫生服务中心25家,社区卫生服务人口覆盖率已达100%。

卫生科教创新和人才建设取得硕果。 改革开放以来,为更好更快地提升苏州医疗水平,苏州市始终坚持推行"科教兴卫"战略,在重点学科和高层次人才建设方面成果显著。2008年,苏州市出台了《苏州市"科教兴卫"青年科技项目评审管理办法》,推进了卫生科技人才队伍的系统化管理。截至2017年,苏州医疗卫生系统建成国家级医学重点学科3个(分别为放射医学、血液病学、骨外科学),临床重点专科15个;省级临床医学中心3个,医学重点学科16个,临床重点专科68个;拥有中国工程院院士1名,中华医学会专业委员会主任委员3人,省医学领军人才9名、重点人才23名。2016—2017年度,获国家科技进步奖2项,国家自然基金216项,所有指标均位列全国地级市首位。同时,市委、市政府还积极推动"临床医学专家团队"引进项目,实现苏州医学科学综合实力的跨越式发展。2017年,首批27个国内顶尖"临床医学专家团队"正式落户苏州,其中9个团队由院士领衔,4个团队专业水平排名全国第一。

疾病防控水平不断迈上新台阶,医疗卫生便民惠民实事项目不断完善。 多年来,苏州市委、市政府通过落实各项卫生实事项目,不断提高城市疾病防控能力。一是通过持续规范落实扩大免疫规划,实现了常住人口儿童预防接种全覆盖。二是通过全面建设公共卫生专业机构,不断加强对结核病、艾滋病、血吸虫病等重大传染病的防控,逐步实现了疾病预防控制市、县(区)全覆盖。三是落实了医疗卫生便民服务"一卡通"工程、院前医疗急救系统、基本药物制度、母婴阳光工程、婴幼儿健康促进工程、重性精神病免费服药和体检、老年人免费健康检查、社区影像远程会诊中心、社区临床检验集中检测中心、外来流动儿童免疫接种等实事项目,通过创新医疗卫生服务模式,改革开放以来的各种医疗发展成果能更加方便地惠及全体市民。

全面启动健康苏州"531"①系列行动计划,推动市民主要健康指标的稳步提高。改革开放以来,苏州医疗卫生事业不断向前发展,全市居民各项健康指标稳步提升。2017年,全市居民人均预期寿命83.04岁,其中男性80.73岁,女性85.37岁,从公开信息显示来看,仅次于上海市,位居全国城市第二位,处于世界发达国家水平。此外,在寿命延长的基础上,为了更进一步地增强城市居民的健康素养,推进健康苏州建设,2017年起,苏州全市开始实施健康苏州"531"系列行动计划,通过"健康市民""健康城市""健康卫士""健康场所"等一系列"531"行动计划,从治病、防病、监管、参与多种维度,共同搭建市民健康综合服务体系,形成统筹解决市民健康问题的综合策略,系统性实施卫生与健康供给侧改革,高质量提供全方位、全周期的卫生与健康整合型服务。

---

① 指5个中心、3大筛查机制、1个服务平台,构筑苏州融预防、救治、防控于一体的市民健康综合服务体系。其中"5"指建立胸痛、卒中、创伤救治、危重孕产妇和危重新生儿5个疾病协同救治中心,"3"指建立起肿瘤、心脑血管疾病、高危妊娠3大筛查机制,"1"指建立起1个市民健康综合管理服务平台。

提升供给水平推动全民健身和竞技体育全面发展

改革开放以来,随着苏州经济社会的快速发展,苏州体育在市委、市政府的决策部署下,认真贯彻落实"全民健身计划"和"奥运争光计划",与时俱进,改革创新,走出一条群众体育和竞技体育、体育健身和体育竞赛相结合的道路,苏州体育事业取得了长足的进步。

积极推进全民健身,群众体育蓬勃发展。增强人民体质是体育工作的根本任务,历届市委、市政府都高度重视群众体育工作。1983年苏州地市合并,针对群众体育工作,苏州市体委①提出群众性体育活动规模大、声势大、影响大的奋斗目标,积极推动群众体育的发展。在此推动下,苏州的民间传统体育、职工体育、学校体育等群众性体育活动日趋丰富,参与健身活动的市民也逐年增加。

1995年6月20日,国务院颁布《全民健身计划纲要》,正式开始实施全民健身计划。为切实加强对全民健身工作的组织领导,1998年苏州市成立了全民健身工作指导委员会,各市(县)、区随后也相应成立了全民健身工作领导小组。2002年3月1日起,《苏州市市民体育健身条例》正式实施。这是江苏省第一部地方性群众体育法规,也是苏州结合本市实际促进市民体育健身活动开展,保障市民体育健身权益的重要举措。

---

① 根据市委、市政府《关于苏州市市级党政机关机构改革实施意见》,2001年6月,苏州市体育运动委员会更名为苏州市体育局。

苏州各级政府以《全民健身计划纲要》和《苏州市市民体育健身条例》为指导,将全民健身工作纳入国民经济和社会发展计划,为公共体育健身设施的建设和管理提供资金保障。从2003年至2010年底,全市各级政府在建设公共体育设施方面投入了近60亿元,全市建有全民健身工程(点)3 473处,拥有各类健身设施19.6万余件。到"十二五"期间,逐步形成市、市(县、区)、街道(乡镇)、社区(行政村)四级公共体育健身设施网络。近年来,苏州以构建"10分钟体育休闲生活圈"为目标,大力建设健身步道、体育公园等便民体育设施,制定出台了《苏州市便民体育设施建设补助办法》《苏州市体育公园建设推进办法》,引导全社会参与便民体育设施建设。截至目前,全市建成健身步道1 968公里,建成各类体育公园30多个,人均体育场地设施面积达到3.5平方米。在群众体育设施明显改善的同时,群众体育组织化、规范化程度不断提高。目前,全市拥有体育协会295家,注册体育俱乐部350家,备案制体育俱乐部1 300余家,群众性体育活动的承办主体逐

2010年苏州市暨苏州工业园区全民健身月活动启动仪式现场

步由政府向体育社会组织转移。有了场地、组织,健身活动就可以稳步开展。全市各级政府积极推动各个层次全民健身活动的广泛开展,举办了元旦万人长跑、假日体育等一系列丰富多彩的全民健身活动。参与健身活动的市民逐年增加,体育健身成为日常生活的重要组成部分。目前,全市每年组织各类全民健身活动3 000余场次,参与市民超600万人次,市民体质合格率达96.1%以上。

落实奥运争光计划,竞技体育成绩斐然。1983年,在市委、市政府的领导下,苏州市体委提出了"以训练为中心,输送为重点"的竞技体育工作指导方针,并明确了"三年内进入省先进行列"的具体目标。这一时期,苏州体育训练水平不断提高,培养输送了袁伟民、孙晋芳、孙志安等一批优秀教练员、运动员。在1986年江苏省第十一届运动会上,苏州代表团列全省第三名,改变了苏州市体育运动水平处在全省中下游的状况。

为促进竞技体育高效、快速、健康发展,1995年7月6日,国家体

2008年9月,苏州市委、市政府召开苏州市奥运健儿表彰大会

委颁布了《奥运争光计划纲要》。苏州市坚持竞技体育和群众体育协调发展的方针,贯彻实施奥运争光计划,努力培养优秀体育后备人才,竞技体育工作迈上了新台阶。截至目前,已有24名苏州运动员夺得93项次世界冠军,其中奥运冠军5人8项次。2000年悉尼奥运会上,苏州籍运动员张军与队友合作获羽毛球混双比赛金牌,苏州实现奥运金牌"零的突破"。自悉尼奥运会以来,苏州运动员连续在五届夏季奥运会上夺得8枚金牌。苏州在竞技体育领域取得的辉煌,离不开对"省队市管"模式的大胆探索。"省队市管"队伍所培养的运动员陈艳青、吴静钰、赵帅夺得5项次奥运冠军。

  大赛是城市的名片,更是广泛开展全民健身活动,提升竞技体育综合实力的重要载体。2004年9月,国家体育总局正式批准第三届全国体育大会由苏州市承办。市委高度重视,明确提出了"举市一致、改革创新、市场运作、全民参与"的承办思路和"体现时代特征、体现苏州特色、体现体育特点"的办赛指导思想以及"一流的城市环境、一流的场馆设施、一流的服务质量、一流的办赛水平"的总体要求。2006年5月20日,第三届全国体育大会在苏州开幕。第三届全国体育大会是新中国成立以来苏州承办的最高级别、最高水平、最大规模、最具影响力的全国综合性体育盛会。除了国内赛事外,一些国际大型赛事也在苏州举办。2015年成功举办世界乒乓球锦标赛,2016年成功举办"汤尤杯"世界羽毛球团体锦标赛。苏州每年承办国家级以上赛事60多项次,长期位居全省第一。众多国内国际赛事落户苏州,直接带动了苏州文化、旅游等相关产业的发展,进一步提升了苏州的国际知名度和城市魅力。

  积极培育体育市场,发展壮大体育产业。苏州的体育产业是改革开放后的新生事物,1988年,苏州市开始发行中国体育彩票。全市自发行体育彩票以来,筹集了大量体彩公益金,用于建设全民健身工程、承办各类体育赛事等活动,为苏州体育事业发展提供了强大的资金保证。随着经济的不断发展,苏州坚持"以人为本,以体为主,全面发展"的方针,抓住发展现代服务业的机遇,在巩固体育彩票业的基础上,大力发展体育健身服务业和体育竞赛表演业。

伴随人民群众日益增长的体育需求,各种体育场馆应运而生。为了规范体育经营活动,繁荣和发展体育市场,2006年江苏省首部地方性体育经营管理法规——《苏州市体育经营活动管理条例》经省、市人大通过,于2007年1月1日起正式实施。苏州在积极营造开放透明、公平竞争、良性运行的体育市场环境的同时,又制定出台《苏州市经营性攀岩场所管理规定》《苏州市经营性健美操场所管理规定》等规范性文件,进一步加强对危险性和专业性强的运动项目的管理,以维护消费者和经营者的权益。

2011环太湖国际公路自行车赛(苏州赛段)

体育竞赛表演业也是苏州体育产业的重点发展方向。市委、市政府坚持将体育融入城市,逐渐打造出一批与产业优势、文化特色、发展定位相结合的体育品牌赛事,形成了融高端竞技赛事、大众参与赛事、经典商业赛事于一体的苏州特色赛事体系。持续举办了环太湖国际竞走和行走多日赛、环太湖国际公路自行车赛、国际男篮挑战赛等品牌赛事。在2017年中国马拉松年会上，苏州环金鸡湖国际半程马拉松和苏州太湖国际马拉松双双获评中国田径协会"金牌赛事"。连续九年举办的外商投资企业运动会，积极服务于外向型经济的发展，成为国内规模最大的同类赛事。

苏州体育在市委、市政府的领导下，积极融入改革开放的大潮，加快推进体育强市的建设，全民健身服务体系逐步完善，竞技体育走在全省前列，体育产业日趋繁荣，全市体育事业持续健康发展，苏州正在朝国际体育文化名城的目标努力迈进。

民主法治建设扎实推进

民主法治建设是政治文明建设的重要内容。40年来,苏州紧扣健全人民当家做主制度体系、发展社会主义民主政治主题,全面落实依法治国基本方略,坚定不移地推进民主政治建设,坚定不移地推进"法治苏州"建设,不断巩固和发展生动活泼、安定团结的政治局面。

健全完善人民代表大会制度,保障人民当家做主权利。根据第五届全国人大第二次会议相关决议和法律规定,改革开放初期,苏州扩大了直接选举的范围,将直接选举人大代表的范围由乡镇扩大至县,实行了普遍的差额选举。1980年,苏州各区及市郊举行直接选举,选举人大代表,召开人民代表大会。1981年,苏州市第八届人民代表大会选举产生市八届人大常委会,各县人民代表大会也同期选举产生人大常委会,人大常委会制度确立。1993年4月,国务院正式批准苏州为"较大的市",苏州的法律地位进一步提升,可以从本市的具体情况和实际需要出发,在不与宪法、法律、行政法规和本省地方性法规相抵触的前提下,制定地方性法规和规章。25年来,市人大及其常委会共制定76件地方性法规,修改65件,废止17件,现行有效59件,为保障和促进苏州经济、政治、文化、社会和生态文明建设,推进公共管理的法制化和建设法治苏州,提高城市竞争力和软实力,提供了有力的法律保障。随着《选举法》的修改完善,城乡人大代表比例不断缩小,2012年苏州首次实行城乡按相同人口比例选举人大代表,基层代表特别是一线的工人、农民和专业技术人员代表和妇女代表候选人的比例上升。

1981年1月,苏州市人大常委会设立

发挥政协职能,积极推进协商民主。1981年1月,政协苏州市第六届一次会议召开,选举产生政协苏州六届常委会,各区、县政协也先后恢复活动,人民政协工作在苏州正式恢复开展。多年来,人民政协充分发挥协商民主重要渠道和专门协商机构作用,认真贯彻中共中央《关于加强人民政协协商民主建设的实施意见》精神,就市委、市政府大政方针以及政治、经济、文化、生态、社会生活中的重要问题,广泛听取各方面意见建议,不断提高协商民主的制度化、规范化、程序化水平。市政协《完善政务服务体系助推"阳光政务"建设》《提升环古城河风貌再现水上〈姑苏繁华图〉》等一批高质量专题建议案,为苏州"十三五"规划和全市重大决策提供了科学依据。与各民主党派、工商联和无党派人士合作共事氛围浓厚,港澳台侨、民族宗教界及海外人士积极参与全市重大方针政策和重要决策部署的贯彻落实,工会、共青团、妇联、文联、科协、残联等人民团体桥梁纽带作用不断增强。

2017年5月,市政协对"致力'两聚一高',
促进我市民营经济发展"提案进行重点督办

加强基层民主建设,内容形式日益丰富。随着苏州经济社会的发展进步,苏州城乡基层民主不断扩大,公民有序的政治参与渠道增多,已经建立了以农村村民委员会、城市居民委员会为主要内容的基层民主自治体系。在2016年7月至2017年2月的基层换届选举中,苏州市1 005个村、1 059个社区圆满完成第十一届村委会和第六届居委会换届选举,占全市村(社区)总数的96.13%,选举登记率、参选率、一次选举成功率再创新高。全市所有行政村建立起村民会议或村民代表会议制度,并制定了村民自治章程或村规民约,建立了民主理财、财务审计、村务管理等制度,民主决策机制不断完善。村务公开、民主评议村干部、村委会定期报告工作、村干部离任审计等制度措施有力地保证了民主监督的有效执行。社区居民通过社区居民会议、协商议事会、听证会等有效形式和途径,对社区内公共事物进行民主决策。特别是《物业管理条例》颁布以来,社区居民通过行政和司法途径积极维权,为苏州基层民主建设提供了持久动力。"政社互动"社会管理新模式普遍推广,基层自治组织民主法治化管理水平逐步提高。截至目前,全市已建成国家级民主法治示范村(社区)11个,省级民主法治示范村(社区)845个,位居全省前列。

2008年2月,规范整洁的常熟市虞山镇苏锋村党务村务公开栏

全面推进依法治市实践,法治政府建设成效显著。自1996年8月出台《苏州市1996年至2000年依法治市规划》以来,依法治市和法治宣传教育工作依规推进。近年来,苏州以建设法治型党组织为目标,全面推进法治政府、法治市场、法治社会三位一体建设。先后制定了《苏州市法治政府建设2011—2015年规划》《苏州市法治政府建设指标体系》《苏州市法治政府建设2016—2020年规划》,全面推进政府工作规范化、程序化、法治化。以上规划对转变政府职能、改革行政管理体制、完善重大行政决策机制、加强制度建设、推进综合执法体制改革等工作提出了明确要求。地方性立法按照"重大改革于法有据"原则,注重合

法性与现实需要的平衡，法制部门对政府规范性文件进行严格的合法性审查。行政诉讼严格执行"行政机关负责人行政诉讼出庭应诉制度"，将应诉的执行情况纳入年度行政执法评议考核体系，"民告官"案件"一把手"出庭应诉率超过90%，律师制度、法律援助制度、人民调节制度同步完善。同时出台了《苏州市社会法人失信惩戒办法（试行）》《苏州市自然人失信惩戒办法（试行）》《苏州市行政管理中使用信用产品实施办法（试行）》等多项规定，较好地维护了市场竞争秩序和公平的市场环境。

苏州法治宣传教育全面、系统、深入开展

法治教育全面普及，法治意识普遍增强。自1986年起，苏州启动全民普法工程，从"一五"至"七五"普法，法治宣传教育工作逐步深入。以宪法为核心，弘扬依宪、依法治国理念；以党员干部为重点，贯彻依法行政理念；青少年法治教育阵地化、企业人员法治教育多样化、新市民法治教育经常化等措施层层推进,形成特色。党的十八大以来,苏州紧扣"美好生活,德法相伴"主题,以落实"谁执法谁普法"责任制为重点,努力夯实"三二三"法治宣传教育工作体系。研究制定了《关于建立健全国家机关"谁执法谁普法"责任制的意见》《苏州市落实国家机关普法联动事项工作规程》,把普法纳入各单位各部门工作总体布局。随着"法治苏州"建设的深入推进,法治日益成为苏州核心竞争力的重要标志、苏州人生活方式的重要内容、苏州文化精神的重要特色和苏州社会善治的重要依托。

平安苏州建设确保人民安居乐业

改革开放以来,随着经济社会加速转型和社会利益格局调整,社会管理领域出现利益冲突加剧、矛盾纠纷多样化等一系列问题。为维护社会治安秩序、促进人民安居乐业、推动经济社会发展、提供良好社会环境,苏州市委、市政府高度重视社会治安综合治理工作,广泛动员全社会的力量维护社会稳定,平安苏州建设不断取得新成效。

深入推进社会矛盾纠纷大调解机制建设,提升维护社会稳定的能力。为维护国家和社会稳定,保障改革开放和社会主义现代化建设顺利进行,1991年,党中央和国务院作出《关于加强社会治安综合治理的决定》。市委、市政府认真贯彻该决定的指示精神和各项决策部署,加强社会治安综合治理,同年11月,苏州市社会治安综合治理委员会成立。市综治委坚持从维护人民群众根本利益出发,始终把排查调处矛盾纠纷作为一项主要工作进行重点部署。

2000年,市委、市政府两办转发《苏州市社会治安综合治理委员会关于进一步加强矛盾纠纷排查调处工作的意见》,要求重点抓县级以下基层矛盾纠纷排查调处工作体系建设,逐步形成人民调解、行政调解、司法调解密切配合、协调运作的工作体系。2003年8月,市委、市政府召开全市服务"两个率先"、建设"平安苏州"动员部署电视电话会议。社会治安综合治理工作从此在更高的层次上开展。

江苏是全国"大调解"工作的发源地。所谓"大调解",指在"调防结合、以防为主、多种手段、协同作战"的工作方针指导下,形成党委政府统一领导、政法综治牵头协调、司法行政业务指导、职能部门共同参与、调处中心具体运作的对社会矛盾纠纷的调解机制。

2008年5月,为深入推进全市大调解机制建设,有效化解各类社会矛盾纠纷,苏州适时出台《关于深入推进社会矛盾纠纷大调解机制建设的实施意见》,进一步理顺了大调解领导机制和工作机制。在此推动下,苏州市成立社会矛盾纠纷调解工作指导办公室,具体工作由市司法局负责,加强对全市大调解工作的指导。在县级市、区和镇(街道)成立社会矛盾纠纷调解工作领导小组,下设社会矛盾纠纷调处服务中心,作为领导小组的办事机构,由公安派出所、人民法庭、信访、国土、建设、劳动和社会保障、工商、工会、妇联等有关部门参与调处服务中心工作。全市形成上下统一、运转规范、指导有力的工作机制。

为了完善人民调解制度,规范人民调解活动,2011年1月1日起,《中华人民共和国人民调解法》正式施行。苏州贯彻落实《中华人民共和国人民调解法》,全面加强全市人民调解组织建设,不断打牢社会建设和管理基础,全市逐步形成以县级市、区人民调解委员会为龙头,镇(街道)人民调解委员会为主导,村(社区)、企事业人民调解委员会为

昆山市玉山镇人民调解员深入田间地头调解矛盾纠纷

基础,区域性、行业性为节点的新型人民调解组织体系,实现调解工作对社会矛盾纠纷的全覆盖。截至2016年底,全市共建立各类人民调解委员会8 312个,有人民调解员28 600人,其中专职调解员3 525人。全市两级调处中心和各类人民调解委员会共调解纠纷11.63万件,调解成功率99%。

深入推进社会治安大防控体系建设,提升驾驭社会治安局势的水平。改革开放初期,为迅速扭转社会治安不正常的状况,1983年8月25日,中共中央发出《关于严厉打击刑事犯罪活动的决定》。9月,苏州各级公安、司法行政部门同法院、检察院及有关部门密切配合,在全市范围开展了严厉打击严重刑事犯罪分子的斗争,前后历时3年多。至1986年底,全市各类刑事案件和治安案件比"严打"之前分别下降了34.8%和44.2%,社会治安非正常状况基本结束,人民群众的安全感普遍增强。

为加强社会面的治安防控,1988年12月,市公安局成立治安巡警大队,加强对市区小街僻巷、重要路段、案件多发区和公共场所的控制。跨入21世纪,针对城市扩张、交通发展和犯罪活动变化的情况,2002年9月,市公安局在充分调研的基础上,根据城区面积、人流量、治安状况,将150平方公里的建成区划分为20个网格,统一抽调警力及联防队员,组建专业巡逻队伍,24小时加强路面防控巡逻。至2007年,全市网格化巡逻布警区域增加到2 038平方公里,对社会面的防控能力不断增强。

2008年,根据市委、市政府《关于深入推进平安苏州"三大建设"的意见》精神,苏州加强城市社区和农村治安防范。在城市,深入实施社区警务战略,科学配置社区民警,并推动街面路面巡防工作与社区警务的有机结合,形成工作互助、作用互补、责任连带的社区防控工作格局;在农村,依托村级综治办,建立警务室和专职保安联防组织,积极推广联户联防、邻里守望等群防群治形式,全面提升农村社会治安防控整体

吴门桥街道监控中心

水平。此外,全市积极推进科技防范建设,在加强市、县(市)两级公安指挥中心建设的同时,把基层技防建设放在突出位置,着力推进镇(街道)、道路治安卡口、重点单位、公共复杂场所、居民居住区"五大技防工程"建设,构建起基本覆盖全市、布局合理、实用有效的电子防控网络。

2012年,苏州全面启动以"服务人本化、运作集约化、执法规范化、手段科技化、工作社会化、队伍管理科学化"为主要内容的警务现代化建设,成效显著,逐步建立起统一指挥、城乡一体、反应灵敏、攻防兼备、实战高效的现代治安防控体系。2016年,全市社会治安保持平稳可控态势,违法犯罪警情下降4.4%,刑事案件立案数下降12.7%,其中八类案件下降7.6%,影响群众安全感的"两抢"、盗窃案件分别下降32.3%和15.1%。

深入推进社会治安综合治理基层基础建设,筑牢平安建设的根基。随着经济社会的快速发展和城市化进程的加快,到苏州工作的外来人员不断增多,给社会治安带来新的挑战。为维护社会秩序,保障改革开放和社会主义市场经济建设,1995年4月,苏州市根据《中华人民共和国户口登记条例》《江苏省暂住人口管理条例》,制定出台《苏州市外来人口管理规定》,加强对外来人口的管理,保护外来人员的合法权益。

2003年,昆山市根据外来人员逐年增多等复杂的治安形势,探索在村级组织建起集综合治理、警务、治保、调解和外来人口管理服务五项职能于一体的综合治理办公室。苏州市综治委及时总结昆山市的做法,并召开现场会在全市推广。至2005年底,全市1 800多个村(社区)全部建立了"五位一体"的村(社区)综合治理办公室。

2008年,根据市委、市政府《关于深入推进平安苏州"三大建设"的意见》精神,苏州进一步夯实综治基层基础工作。在乡镇配备党委政法委员,负责综治和平安建设工作,切实加强镇(街道)综治办、人民法庭、公安派出所、司法所等基层政法组织建设,确保基层综治和平安建设工作有人抓有人管。与此同时,深入开展平安镇(街道)、平安村(社区)、平安单位、平安校园等基层系列平安创建活动,不断提升基层系列创安的质量和水平,把不稳定的因素化解在基层,消除在萌芽状态。

近年来,苏州市围绕基层社会治理大胆创新,探索建立社会综合治理网格化联动机制。全市以社会综合治理网格化联动中心为中枢,构

雨夜巡逻在人民桥上的公安干警

建以市、市(区)、镇(街道)、村(社区)四级管理,市(区)、镇(街道)两级指挥为骨架的综合治理运行架构和责任体制,依托一个平台、一张网格、一个号码、一支队伍、一套制度、一个办法"六个一"工作体系,形成社会治理事项发现、受理、分流、处置、跟踪、督办、反馈、评价八个流程处置的"4268"工作机制。截至2017年底,苏州下辖所有市(区)均已建成并运行社会综合治理网格化联动中心,全市被细分成1.5万个网格,紧扣网格化管理,90%以上的社会问题和社会矛盾在基层得到化解。

"政社互动"打造社会治理苏州品牌

随着苏州经济社会的快速发展,基层社会服务管理的任务日益繁重。近年来,苏州以构建"党委领导、政府负责、社会协同、公众参与、法治保障"的社会治理体制为导向,不断完善基层政府与基层群众自治组织分工和合作机制,创新探索出"政社互动"新型社会治理模式,推动治理体系和治理能力现代化,努力打造共建共治共享的社会治理新格局。

"政社互动"在太仓探索起步。自2008年起,太仓基于对当地经济社会发展趋势、行政管理体制改革方向、群众愿望等情况的清醒认识和把握,以贯彻落实《国务院关于加强市县政府依法行政的决定》为契机,在全国率先启动"政社互动"探索实践,着力推进镇(区)与辖区村(居)及社会组织互动。2008年11月,太仓成立了"政府行政管理与基层群众自治有效衔接和良性互动"课题研究领导小组,开展前期调研论证。2009年5月出台了《关于建立政府行政管理与基层群众自治互动衔接机制的意见》,在全国率先试行"政社互动"管理模式,对增强基层群众自治、规范政府行为、保障基层群众自治组织权利等提出具体要求。随之编制完成《基层群众自治组织依法履行职责事项》和《基层群众自治组织依法协助政府工作事项》两份清单,并向社会公布,基本划清了基层政府和基层群众自治组织的权责边界。2010年5月,太仓在城厢镇和双凤镇进行"政社互动"试点,政府与基层群众自治组织之间,通过制定"两份清单"、签订协助管理协议书、实施"双向评估"等形式,实现了从"政社分开""政社合作"到"政社互动"。社会组织也随之茁壮成长,政府行为日益高效规范。2011年4月,在总结试点经验基础上,"政社互动"实践在太仓全市推开。太仓"政社互动"的探索实践,提高了基层政府的执行力和社会公信力,加强了基层社会管理和服务资源的整合,提升了自治组织的协商能力、代言能力、统筹能力、服务能力,强化了社区居民的参与意识,健全了诉求表达、利益协调、矛盾化解、权益保障等长效机制,将社会矛盾化解在基层、解决在萌芽状态,为促进社会和谐打下坚实基础。2014年1月,太仓"政社互动"荣获第七届中国地方政府创新提名奖,12月,太仓荣获"全国和谐社区建设示范市",也是唯一一家获此殊荣的县级市。

太仓在全市范围内签订政府与基层群众自治组织协助管理协议书

"政社互动"在苏州全面推开。太仓的四年探索和实践,使得"政社互动"的理念和路径越来越清晰,为全市范围内推行积累了丰富的经验。2012年6月,市委办、市政府办批转了《关于在全市开展"政社互动"试点工作的指导意见》,要求各市、区各自选取1—2个镇或街道先行开展"政社互动"试点工作,积极探索政府调控与社会协同互联、政府行政功能与社会自治功能互补、政府行政管理与公众参与互动的新型社会管理模式。2013年8月,苏州市"政社互动"联席会议组成立,市政府主要领导任组长,各相关部门广泛参与,进一步加强了组织领导和工作指导。自2013年开始,苏州连续三年召开全市"政社互动"工作推进会,实施三年行动计划(2013—2015年),相继出台了《关于进一步推进"政社互动"工作的实施意见》《关于加快推进全市社会组织健康发展的若干意见》等10多个配套政策文件。到2015年底,全市街道、乡镇层面实现了全覆盖,"政社互动"社会治理格局初步确立。为有效解决社区、社会组织与社工横向间互动协调问题,自2016年起,全市统一设立每个城市社区20万元的"社区党组织为民服务专项经费",推动实施"三社联动"(社区、社工、社会组织互联、互动、互补)项目化,力争到2020年,全市各地"三社联动"城市社区实现全覆盖,农村社区覆盖率不低于80%。为进一步发挥党组织引领作用,2016年4月,市委制定《关于在"政社互动"中进一步强化党建引领的实施办法》,从政治引领、组织引领、服务引领和法治引领等方面提出12条实施办法,进一步保障和促进政府治理与社会调节、村(居)民自治良性互动。同时,各市、区分别结合自身实际创新"政社互动"工作,高新区的互议、互通、互约、互评、履约结果通报的"四互一通"工作机制,太仓市的"政社互动"百例一书,昆山市的"社区减负增能",相城区的"社情民意在线"平台,工业园区的"社情民意日"等都有效拓宽了政府与基层群众自治组织互通、互动渠道,丰富和提升了"政社互动"的内涵与实效。

"政社互动"品牌走向全国。"政社互动"约束和规范了基层政府行政权力,提升了基层自治组织履职能力,实现了基层治理机制重建,取得了基层政府归位、自治功能增强、居民群众受益等多方共赢成效。

这一社会治理创新被理论界称为继"村（居）干部直接选举"后基层民主制度建设的"第二个里程碑"，继"行政审批制度改革"后行政改革的"第二次革命"，受到各级领导和人民群众的一致好评，"政社互动"作为苏州社会治理创新的闪亮品牌走向全国。2013年初，全国村务公开协调小组将"政社互动"工作作为唯一基层创新举措写进1号文件，加以推广。2013年6月，省委、省政府主要领导同志作出批示，要求在全省推广"政社互动"经验。2013年7月，省政府在太仓召开现场会，推广太仓"政社互动"实践经验。同年，民政部、中组部和中编办在太仓举办"全国乡（镇）长示范培训班"，专题介绍太仓"政社互动"实践经验，300多名来自各地的乡镇长纷纷感叹："上面千条线，减了一大半；下面一根针，服务更深入！"2014年5月19日，《人民日报》头版刊登《政社勤互动 百姓多参与——苏州善治有底气》文章，介绍了苏州"政社互动"的探索实践经验。2014年6月，民政部主要领导专题调研苏州社会管理创新工作，给予"政社互动"工作高度赞誉评价："政社互动"符合科学发展要求，符合党的十八大和十八届三中全会所倡导

苏州"政社互动"经验向全国推广

的发展方向。2014年10月,中央领导作出批示,要求"积极总结推广江苏太仓'政社互动'工作经验"。2014年11月,"政社互动"项目荣获第三届"中国法治政府奖"。2015年6月6日,央视《新闻联播》报道了苏州推行"政社互动"社会治理创新机制经验。2016年6月,"政社互动"获评"2015年度中国社区治理十大创新成果",也是江苏省唯一获评项目。目前,这一发轫于太仓,蓬勃于全市,正在全省、全国逐步推开的创新实践正吸引着越来越多的目光。

建立生态补偿机制
生态文明建设取得新成效

苏州生态资源禀赋良好,水乡风情浓郁,被誉为"东方水城""人间天堂"。但改革开放之初的一段时间,为了加快经济发展,苏州城乡创办了大量企业,其中纺织、化工、造纸、印染、电镀等行业,对环境造成了很大压力,对人民生活产生了不利影响。保护好、经营好苏州这方美丽的水土,既要金山银山,更要绿水青山,已成为全市人民的共同期盼。坚持生态优先,走绿色发展之路,逐渐成为全市人民的共识,成为全市各地自觉践行的实际行动。环境保护和生态文明建设工作由点到面、由局部到整体不断向纵深推进。

20世纪90年代,市委将可持续发展战略作为苏州经济社会发展五大发展战略之一。在实际工作中,以末端治理为重心,进行工业布局调整优化,污染搬迁治理、防治结合,对古城区的工业企业分期分批实行关停、就地改造与搬迁,结合经济结构调整削减污染物总量,提高工业污染防治能力,以饮用水源保护为重点开展城市环境综合整治。同时,推进古城保护和改造工程,建立苏州工业园区和苏州新区。苏州工业园区把环境质量保护作为开发的第一准则,将环境保护与园区的建设和发展融为一体。这一时期,苏州环境综合治理水平有所上升,环境保护与经济社会发展的矛盾有所缓和。苏州市被国务院环境保护委员会授予"1989—1991年全国城市环境综合整治十佳城市"称号,1992年和1993年连续被评为"全国城市环境综合整治十佳城市",1996年被评为"环境保护十佳城市"。1999年,市区地面水环境4个国家考核断面中的溶解氧、高锰酸盐指数平均达标率90%。全市河流水质基本在Ⅳ标准以内,全市饮用水源水质基本达到地面水Ⅱ类标准。空气环境质量达到或好于国家二级标准。市区城市大气污染指数低于100。城市烟尘控制区覆盖率达到100%,环境噪声达标区覆盖率达到60.5%。

进入21世纪,苏州坚持环保优先方针,出台《关于加强环境与发展综合决策若干问题的决定》《关于促进可持续发展的若干意见》《关于全面推进苏州生态市建设的若干意见》《苏州市湿地保护条例》等政策规定,制定实施环境污染治理工作方案,实施"碧水工程""蓝天工程"及"宁静工程",将环境保护和生态文明建设全面落实到经济社会建设各个领域,严格执行环境保护的各项要求,对不符合环保要求的高耗能、高污染和资源性(简称"两高一资")项目严令禁止,同时推进循环经济,构建布局合理、优质高效、环境安全的区域循环经济体系。大力推进污染减排,倒逼产业结构调整,为可持续发展留出更多空间。此外,苏州还推进生态保护修复,让自然资源休养生息。到2011年底,全市水环境质量稳中有升,23个太湖流域考核断面达标率95.65%,地表水水域功能区水质达标率90.59%。全年苏州市区空气优良天数达335天,空气污染指数3项指标稳定符合功能区标准。吴江市、吴中区、相城区建成国家生态市(区)。苏州市所辖市区均被环保部列为全国生态试点地区。为进一步巩固苏州生态市建设成效,提升苏州市可持续发展能力,苏州市编制《苏州市生态文明建设规划(2010—2020年)》,提出到2020年,全市将基本形成节约能源资源和保护生态环境的产业结构、增长方式和消费模式,最终把苏州建设成为全国率先实现科学发展的智慧城市、低碳城市和"宜居、宜业、宜游、宜商"的生态文明城市。

2011年6月,苏州市生态文明建设规划专家论证会在北京召开

党的十八大以来,全市干部群众认真学习习近平生态文明思想,全面贯彻落实中央和省委、省政府关于加强环境保护的重大决策部署,坚持生态优先、绿色发展,全力推动生态环境质量持续好转,交出了"环境质量总体稳定、部分指标明显改善"的成绩单。

生态文明建设制度更加健全。苏州在全国率先出台生态补偿条例,先后颁布实施《苏州市阳澄湖水源水质保护条例》《苏州市风景名胜区条例》《苏州市湿地保护条例》《苏州市禁止燃放烟花爆竹条例》等多部地方性法规,制定《苏州市扬尘污染防治管理办法》《苏州市风景名胜区生态补偿实施意见》等规章制度,推动生态文明建设加快步入法制化、规范化轨道。出台《苏州市生态文明建设三年行动计划(2014—2016)》《苏州市生态文明建设"630"行动计划》①等,指导全市的生态文明建设。制定《苏州市生态环境保护工作责任规定》《加强全市生态文明建设领域失职问责的实施意见(试行)》《全市生态文明建

---

① "630"行动计划指实施清水、蓝天、净土、化工行业提升、生态修复保护、环保能力提升6大专项行动计划,并分解细化为30项工作任务。

设领域"问责行动"工作方案》《加强环境监管执法的工作意见》等,完善追责问责监管机制。推进排污许可"一证式"管理,完成火电、造纸图为苏行业排污许可证的核发,完善市场化建设保护机制。评定并公布占全市排污量85%以上的3 000多家企业的环保信用等级,并将评定结果与信贷融资挂钩,实行差别化水电价格。建立政府引导、企业主导、社会参与的多元环保共治机制,引导社会资金参与生态文明建设。

环境污染治理更加有力。在大气污染防治上,深入开展大气污染防治行动计划,在"压煤""控车""抑尘"上下功夫,建成重污染天气监测预警系统。在水污染防治上,研究制定苏州"水十条",深化河长制等重点改革。突出太湖、阳澄湖水污染防治,开展水质优化专项行动,建立健全督查考核体系,太湖、阳澄湖湖体水质总体达到Ⅲ－Ⅳ类,太湖连续十年实现安全度夏。在土壤污染防治上,出台苏州"土十条",完成117个国控土壤监测点布设,开展农用地土壤环境状况详查和工业企业用地土壤环境状况调查。在城乡垃圾分类处置上,实施生活垃圾处置工程,开展生活垃圾分类和资源化综合利用试点。2017年,城乡生活垃圾无害化处理率达98%,镇村生活垃圾集中收运率达100%。同时,加强有毒有害化学品、重金属、农产品生产等重点领域环境风险防控,深入实施"关闭不达标企业,淘汰落后产能,改善生态环境"三年专项行动计划和化工行业专项整治,建立能源消费总量和强度"双控"机制。

区域生态功能更加优化。制定生态红线区域保护规划,划定11类110块保护区,生态红线区域面积达3 266平方公里,占全市面积的37.7%,占比居全省首位。2013年起,苏州实施生态文明建设"十大工程"①,加快推进以人为本的"绿色城镇化",到2017年,累计实施478

---

① 生态文明建设"十大工程"为"四个百万亩"、阳澄湖生态优化、生态园建设、十万亩湿地建设、大气清洁、河道水质提升、东太湖综合整治、吴淞江流域整治、土壤山体修复和垃圾及污泥无害化资源化十个大类。

项重点项目,总投资838亿元,全市陆地森林覆盖率达29.8%,自然湿地保护率达58%,建成市级以上湿地公园22个(其中国家级6个),市区建成区绿化覆盖率达42.3%。发挥农村基础条件好、发展水平高的优势,培育和打造具有江南风貌、苏州特色和时代精神的美丽镇村。到2017年,建成美丽村庄示范点100个、康居特色村10个、三星级康居乡村1040个。村庄环境整治达标率保持100%。

环境突出问题整改更加扎实。积极推进中央、省级环保督察问题整改,认真落实24项具体整改举措。全面落实省委、省政府"263"专项行动部署,同时增加"治危废""治扬尘"两项任务。2017年围绕25项主要指标,实施211项重点工程,实现减煤334万吨,关停174家化工企业、996家低效产能企业,完成54条黑臭河道整治,新增配套污水管网887公里,关闭搬迁禁养区畜禽养殖场490家;实施VOC①治理项目1410个、企业1009家;整治沿江危化品码头12个,清理"散乱污"企业5446家,整治提升5966家。分层级开展明察暗访,实现主要

苏州市所有建制镇全部建成国家级生态乡镇,实现了国家级生态乡镇全覆盖

---

① VOC是挥发性有机化合物(volatile organic compounds)的英文缩写,环保意义上的定义是指活泼的一类挥发性有机物,即会产生危害的那一类挥发性有机物。

媒体曝光区域全覆盖。全市联动曝光突出环境问题1 426个,受理有效举报1 120件,通过曝光关停企业1 452家。同时,按照环保部太湖水环境专项督查要求,制订整改方案,明确6大类24项整改措施,并按月通报整改进展情况。2018年6月起,苏州市委、市政府全力配合中央环保督察"回头看"各项工作,认真做好环保突出问题的立查立改工作,确保问题整改到位。同时强化主动治理,做到边督边改、即知即改,全力推动全市环境保护和生态文明建设迈上新台阶。

在多方努力下,2012到2017年,苏州的GDP从1.2万亿元增长到1.7万亿元,上升了41.7%;苏州的主要污染物排放总量持续下降,化学需氧量、氨氮、二氧化硫和氮氧化物分别下降32.8%、22.4%、33%和34.6%。2017年全市水环境质量总体保持稳定;市区环境空气中细颗粒物(PM2.5)年均浓度为43微克/立方米,比基准年2013年下降38.6%;声环境质量总体较好;生态环境状况良;辐射环境质量保持正常水平。2013年苏州市成为全国首批地级生态市;2015年成为全省首个省级生态工业园区全覆盖的地级市;2016年建成全国首个国家生态城市群,苏州、昆山成为全国首批国家生态园林城市;2017年成为首批全国生态文明建设示范市、首批美丽山水城市。

虽然苏州的生态文明建设与环保工作取得了良好进展,但全市的环境综合治理任务依然艰巨繁重。由此,苏州市于2018年开始推进生态环境提升三年行动计划,争取到2020年,全市空间开发格局进一步优化,绿色发展水平显著提升,污染排放总量明显下降,生态环境质量持续改善,环境风险得到有效管控,"散乱污"企业全面清除。

推进城市创建提升城市品质

　　群众性精神文明创建活动是广大人民群众改造环境、转变社会风气、建设文明生活的成功实践,是党的群众路线在精神文明建设实践中的具体体现,是整个社会主义精神文明建设中不可替代的重要组成部分。改革开放以来,苏州市委、市政府始终重视城市精神文明创建活动,从 80 年代初以"五讲四美三热爱"和治理"脏、乱、差"为主要内容的文明礼貌活动开始,经过多年的发展,苏州的群众性精神文明创建活动的内容、形式和领域都有了很大的变化,也取得了相当大的成绩。40

苏州大中学校学生投入文明城市创建活动

年来,苏州市荣获"国家卫生城市""全国文明城市""国家园林城市""国家生态园林城市""全国双拥模范城"等一系列城市荣誉称号。

国家卫生城市的创建工作从1990年开始启动。1994年市第八次党代会后,市委调整充实了市创建领导小组,成立苏州市公共环境委员会(后改名为市城市管理局),统一领导全市公共环境、爱国卫生和创建卫生城市工作。1995年创建工作以"治脏、治乱、加强管理、洁净窗口"为重点,初见成效。1996年针对存在的薄弱环节集中力量开展"城市绿化美化、环境集中整治、优化居住环境、包装食品卫生、单位卫生达标"五项攻坚战,创建工作取得显著效果。1997年创建工作以"达标自查、随机抽查、每月一次暗查、季度一次明查"等方式以查促建,及时发现问题,限时加以整改,确保全面达标。1998年苏州市通过国家卫生城市国家级考核鉴定,各项指标达到了《国家卫生城市检查考核标准实施细则》的基本要求,被全国爱卫会发文命名为"国家卫生城市"。张家港、昆山、吴江、常熟、太仓、吴县分别于1994年、1996年、1997年、1999年、2000年获得"国家卫生城市"称号(太仓与吴县同为2000年获得)。2002年12月全国爱卫会在纪念爱国卫生运动50周年总结表彰会议上表彰苏州建成全国首个国家卫生城市群。2005年全国爱卫

苏州公交车上的文明城市宣传牌

会修订了《国家卫生城市标准》和《国家卫生区标准》,提高了相关评选标准,2015年苏州通过全国爱卫会的国家卫生城市新标准实施后的复审,再次获得"国家卫生城市"称号。

全国文明城市的创建工作在2000年前即开始筹备。1999年苏州被评为首批全国文明城市工作先进城市,获得了创建全国文明城市的基本申请条件。2002年苏州所辖五市全部创建成全国文明城市工作先进城市,初步形成了全国首个文明城市群。2008年,市委、市政府下发了《苏州市创建全国文明城市工作的实施意见》《苏州市创建全国文明城市迎检工作实施意见》《苏州市创建全国文明城市责任分解表》《苏州市深化全国文明创建舆论宣传实施方案》。全市以"文明环境、文明交通、文明礼仪"为重点,认真落实"一把手"工程,实现工作领导、工作机制、工作措施的全方位强化。通过十大工程44项目标任务的实施,不断改善城市面貌,完善城市功能,提高社会管理水平,加快提升市民文明素质和城市文明程度,不断提高市民对城市的满意度和幸福感,

全市深化创建全国文明城市工作会议

增强城市的向心力、凝聚力。市民对创建全国文明城市的支持率达到99%。同年10月,中央检查组通过市民问卷调查等多种途径,对苏州市经济社会发展的主要指标进行全面考评,苏州最终通过考核,于2009年1月被命名为"全国文明城市"。其后,苏州坚持走"以市区为中心、县市为纽带、若干中心城镇为基础"的城乡文明一体化发展之路。在其后的2011年、2015年、2017年复评中都以优良成绩通过复评考核,实现了全国文明城市"四连冠"。苏州大市范围内的各县级市中,张家港市于2005年即进入全国文明城市行列,至2017年,连续五次通过复查,成为唯一荣膺全国文明城市"五连冠"的县级市。常熟市也于2017年成功创建成为全国文明城市。

国家园林城市的创建工作自2001年市第九次党代会后开始启动。同年11月,市委、市政府作出《关于创建国家园林城市的决定》,并下发了《苏州市创建国家园林城市实施方案》,成立了苏州市创建国家园林城市领导小组,协调解决创建园林城市所需要的土地和资金问题。从政府财政预算内外、土地拍卖净收益、城市维护税、园林景点门票收入、银行贷款等多种途径,筹措了17亿元资金用于创建园林城市。从制度上落实责任,政策上创造条件,审批程序上开辟绿色通道,规划拆建土地调用上优先保障,资金筹措上广开渠道,保障了创建工作顺利进行。2003年1月,市委、市政府提出,要通过创建活动推进生态城市建设,号召全社会的各方面力量、资金参与这项绿色工程。同年11月,苏州市通过国家园林城市考核评议,被成功命名为"国家园林城市"。创建成功后,苏州积极发挥"园林城市"效应,推进区域联动,形成了江南水乡特色显著的"园林城市群",常熟、张家港、昆山、吴江、太仓分别于2001年、2003年、2005年、2006年获得"国家园林城市"称号(张家港与昆山同为2003年获得)。

2007年,苏州被建设部授予首批"国家生态园林城市试点城市",试点课题有四个:园林池塘水质净化和生态恢复技术研究总结、三角

国家生态园林城市创建活动

嘴湿地公园(虎丘湿地公园)、苏州工业园区生态产业园、金鸡湖环境综合治理。2016年,首批国家生态园林城市评比中,苏州成功入围,获得"国家生态园林城市"的称号。昆山市、张家港市、常熟市也分别于2016年、2017年创建成功(张家港与常熟同为2017年创建成功)。截至2017年,全国有11个城市获得"国家生态园林城市"称号,苏州就占据四席。

全国双拥(拥政爱民、拥军优属)模范城的创建工作从1996年开始。市委以创建为目标,对"双拥"工作提出了"整体推进,规模效益"的发展思路,形成了主要领导亲自抓、分管领导具体抓、职能部门配合抓、军地领导共同抓的领导机制,认真落实创建全国双拥模范城的各项目标任务,构建更加健全的机构网络,深入开展国防教育,举办"双拥"表彰会、凯旋慰问大会、"沙家浜杯"全国书法大赛等重大"双拥"活动,在全市范围内形成了浓厚的"双拥"氛围。同时,驻苏各部队主动参与地方"急、难、险、重"任务、重点工程建设和维稳工作,以实际行动支援地方两个文明建设。全市呈现出"思想认识高,争创力度大,政策措施硬,优抚落点实,共建领域宽,整体效益好"的"双拥"工作新局面。苏州市"双拥"工作的成效得到国家"双拥"考核组的好评,苏州市被命名为"全国双拥模范城"。苏州市被命名为"全国双拥模范城"之后,市委、市政府号召全市军民继续发扬创建"全国双拥模范城"的精神,注重"双拥"制度建设,建立"双拥"长效机制,又分别于 2000 年、2004 年、2007 年、2011 年、2016 年连续获此殊荣,实现了创建全国双拥模范城"六连冠"。

改革开放 40 年以来,苏州通过各种精神文明创建活动,大大改善了城市面貌,完善了城市功能,提高了社会管理水平,加快提升了市民文明素质和城市文明程度,提高了市民对城市的满意度和幸福感,推动了经济与社会的协调发展,增强了城市的向心力、凝聚力。几次创建活动中所形成的精神,为苏州的改革开放、社会主义现代化建设提供了精神动力、思想保证和智力支持,也成为苏州人民宝贵的精神财富。

以苏州时代精神凝聚社会正能量

城市精神是一座城市的灵魂。2 500多年历史为苏州留下了深厚的文化积淀,改革开放40年风雨历程又为这座古城注入了新的时代内涵,逐步凝聚出集历史传承、时代特征和地方特色为一体的苏州精神,成为苏州的宝贵精神财富、经济社会发展的强大精神动力。

发轫之时,市场经济探索中练就的"四千四万精神"。20世纪80年代初,苏州农村改革风起云涌,家庭联产承包责任制解放了大批剩余劳动力。在此情况下,苏州广大干部群众充分利用毗邻上海的区位优势,引进"星期天工程师",不找市长找市场,在计划经济和市场经济的夹缝中,大力发展乡镇企业,千方百计寻找项目、资金、技术和原材料,努力争取客户、推销产品。创业满艰辛,磨难出精神,经过激烈的市场竞争,最终实现了乡镇企业的"异军突起",创造了独具特色的"苏南模式",更孕育了著名的"四千四万精神",即"跑遍千山万水、说尽千言万语、排除千难万险、吃尽千辛万苦"。这种立足于群众自发、契合时代特征的"四千四万精神",扩展成为改革开放初期苏南乃至全江苏干部群众勇于改革创新的精神写照,更激励着一代又一代创业创新者勇立潮头,建功立业。

磨砺之光,外向型经济发展中孕育的苏州"三大法宝"。从20世纪80年代中后期开始,苏州抢抓沿海开放区、浦东开发等重大机遇,全面实施"外向带动"战略,苏州经济发展与世界的联系更加密切,逐步走上经济国际化发展车道。这一时期,苏州各地依据自身优势,抢抓机遇,创先争优,奋发进取,孕育出享誉全国的苏州"三大法宝"——"昆山之路""张家港精神"和"园区经验"。

昆山干部群众在艰难中成功开辟"昆山之路"

自力更生走出的"昆山之路"。1984年昆山自费开发的工业新区,短时间内实现了区内"五通"①配套要求,落户企业不断增多,1988年更名为昆山经济技术开发区,发展快速而稳健,走出以"艰苦创业、勇于创新、争先创优"为主要内涵的"昆山之路"。1988年7月22日,《人

---

① 即通车、通电、通信、通给水、通排水。

民日报》刊登长篇报道:《自费开发——记昆山经济开发区》,并配发《"昆山之路"三评》的评论员文章,赞扬昆山开发区发扬自力更生、艰苦奋斗的精神,不要国家一分钱,靠内部挖潜、量力而行、精打细算,因陋就简,走出了一条"富规划、穷开发"的昆山之路。在此精神感召下,1990年昆山经济技术开发区被列为江苏省重点开发区,1992年升级为国家级开发区,诞生了全省第一家中外合资和外商独资企业、第一家台商独资企业、全国第一个封关运作的出口加工区等诸多"第一"。昆山发展更是一路锦绣,连续多年稳居全国百强县首位,由名不见经传的农业县成长为蜚声海内外的开放型经济重镇。

比拼赶超中凝聚的"张家港精神"。原来在苏州各县(市)排名靠后的张家港,在邓小平南方谈话精神引领下思想大解放,"敢试、敢闯、敢冒"蔚然成风。1992年张家港市委提出了"团结拼搏、负重奋进、自加压力、敢于争先"的精神号召,以此激励广大干部群众不甘人后,创优争先。1992年张家港在苏州"五杯"竞赛①中成绩显著,外向型经济发展指标为全省各县(市)第一。苏州市委适时发出了学习"张家港精神"的号召,江苏省委要求把张家港的典型经验推向全省。1995年5月,江泽民到张家港考察时,对张家港"两个文明"协调发展的巨大成就予以充分肯定,并欣然题词。10月,中宣部、国务院办公厅在张家港联合召开全国精神文明建设交流会,要求全国学习、推广"张家港精神"。此后,《人民日报》、新华社、中央电视台等国家新闻媒体连续报道,使"张家港精神"在全国广为传播,"张家港精神"成为全国关注的热点。"张家港精神"揭开了张家港历史上波澜壮阔、异彩纷呈的崭新一页,成为全国的先进典型,对整个江苏乃至全国经济社会的发展都产生了积极而深远的影响。

---

① 指苏州市委组织县(市)区之间开展的农业"丰收杯"、多种经营"致富杯"、工业"振兴杯"、外贸"创汇杯"、精神文明"新风杯"发展竞赛活动。

1995年10月,全国精神文明建设经验交流会在张家港召开

江泽民为"张家港精神"题词

中外合作积淀而成的"园区经验"。1994年5月,在中国、新加坡两国领导人关心支持下的苏州工业园区启动开发,倾注各级领导和数百万苏州市民心血的工业园区持续快速发展,一座蕴含着巨大发展能量和创造力、令人赏心悦目的现代化新城崛起于古城之东。作为中国改革开放的重要窗口和中外合作的成功典范,工业园区始终坚持:高起点自主学习,大胆借鉴新加坡的先进经验;高目标自主探索,创新实行一体化规划、一站式服务;高品质结合统一,以圆融的姿态汇聚国内外资本和人才;高效益共同发展,以共赢理念打造"亲商"服务体系,实现社会民生、生态环保、区域协调统筹联动发展。20多年来,工业园区的每一次大跨越都凝聚和体现着既富时代特色又具自身特质的新理念,"借鉴、创新、圆融、共赢"正是其要义与精华所在,"园区经验"也应运而生。

聚形之彩,"中国梦"引领下的苏州精神表述。2013年3月,习近平总书记在第十二届全国人民代表大会第一次会议上指出:实现中国梦必须弘扬中国精神,凝聚中国力量。苏州在总结提炼"四千四万精神""张家港精神""昆山之路""园区经验"的基础上,融合2006年市委确定的"崇文、融合、创新、致远"八字苏州城市精神主题词,2013年5月,"崇文睿智,开放包容,争先创优,和谐致远"的苏州精神表述语最终确定。这十六字将苏州的历史文化传统、现实精神状态和未来发展要求有机结合起来,体现了继承性、群众性与时代性的统一,富有鲜明的苏州特色和个性,倡导指向十分明确,充分彰显了苏州新时期的精神风采。苏州精神的提炼,进一步激发了广大干部群众解放思想、抢抓机遇、奋发有为、积极进取的精神状态,成为谱写好"中国梦"苏州篇章的精神支撑和动力源泉。

实施人才引育工程打造人才高地

人才是创新发展的第一资源,抓人才就是抓发展,抓人才就是抓未来。改革开放以来,苏州大力实施"人才强市"和"人才优先发展战略",以高层次人才和高技能人才为重点,加快人才引进培育,统筹推进人才队伍协调发展,全市人才规模与质量同步提升,为推动苏州创新发展提供了有力的人才支撑。

完善政策服务体系。为适应改革开放和社会主义现代化建设对人才制度提出的新要求,20世纪80年代初,苏州结合加大干部调配交流引进力度、接收分配大中专毕业生和安置军队转业干部等举措,调整和充实全市人才队伍,人才交流和人才开发工作全面启动。1984年,苏州历史上最早的人才流动服务机构——苏州市人才交流服务部[①]成立后,各县(市)也陆续建立起人才交流机构,至1988年,全市构建起直至乡镇一级的人才交流机构网络。

20世纪90年代后,苏州市开始引入外来人才、智力和技术,为苏州经济和社会事业发展服务。1993年,全市组织10余次国内人才招聘活动,先后赴北京、西安、武汉等大城市招聘人才,与2 550多名在职专业技术人员洽谈,正式签约243人。1994年下半年,苏州市组织制定《苏州市1995—2000年人才开发规划》,同时启动了"百千万人才工程"和"紧缺人才培训工程",计划在5年内引进100名留学生和外国

[①] 1988年,苏州市人才交流服务部更名为"苏州市人才交流中心"。1997年2月,苏州市人才交流中心更名为"苏州市人才服务中心"。

专家,聚集1 000名硕士研究生,接收10 000名达到大学英语六级水平和计算机应用能力合格的本科生,培养200名复合型(多专业、多用途)人才。

"苏州杰出人才奖"是苏州市委、市政府设立的人才最高奖

21世纪以来,苏州坚持以人才结构优化引领产业转型升级为目标,努力构建人才培养、激励、服务等较为完备的政策体系。为进一步给打造人才平台提供政策和制度性保证,2003年7月,市委、市政府召开全市人才工作会议,成立了市人才工作领导小组,并发出《关于进一步加强人才工作的意见》,提出从完善人才服务体系、加快人才载体建设、加大人才培养力度、优化人才发展环境等方面,构筑与苏州经济社会发展相适应的人才新平台。2007年,苏州市面向海内外高科技人才启动实施"姑苏创新创业领军人才计划"。2010年3月,市委、市政府印发《关于进一步推进姑苏人才计划的若干意见》,提出要全面推进姑苏人才计划,5年内投入30亿元,引进、培育并重点支持1 000名能够

突破关键技术、发展高新技术产业、带动新兴学科和新兴产业的科技创新创业领军人才,10 000名重点产业紧缺创新人才。"姑苏人才计划"除集聚支撑产业发展的领军人才之外,还强调大批量集聚中、高级的紧缺专业人才和规模宏大的高技能人才,体现了金字塔式的人才结构搭建。

积极搭建载体平台。有形的人才载体是吸引高层次人才最有效的途径。为吸引国外留学人员来苏州工作,1996年,苏州市政府下发《苏州市回国留学人员来苏工作若干规定》。1999年,苏州新区与教育部中国留学人员服务中心、科技部火炬中心等六家单位组建的"中国苏州留学人员创业园",吸引自美国、日本、法国等10多个国家归国的130多名留学人员来苏州创办了48家企业,留学人员创业园成为苏州市引进高层次人才的重要载体。

跨入21世纪,为进一步加强人才"群聚效应",在市委、市政府的决策部署下,苏州市先后建立独墅湖科教创新区、苏州科技城等综合创新区,引进了中科院纳米所、医工所等重大创新载体。这些专业化、功能性平台的构建,吸引了大批高层次人才和国际先进技术,集聚了大批创业人才。

苏州独墅湖科教创新区开发建设于2002年,从最初的"苏州研究生城",到扩容升级为"独墅湖高等教育区",如今发展成为引领产业发展的"独墅湖科教创新区",已初步建成集教育科研、新兴产业、生活配套为一体的现代化新城区。科教创新区依托中国科学院苏州纳米技术与纳米仿生研究所、生物纳米园、国际科技园、大学科技园等创新载体,致力于构建高水平的产学研合作体系,重点发展纳米技术、生物医药、云计算产业。截至2016年底,区域累计建成研发机构和平台247个(其中省部级38个),国家级孵化器7个、省级孵化器4个;区内拥有院士工作站、博士后科研工作和流动站38个;区域经评审的各类高层次人才1 542人次,其中院士19名,"千人计划"人才115名,海外归国人员超 1 700 名。

独墅湖科教创新区全貌

苏州科技城位于苏州高新区西部,是全国首家由部、省、市共建的大型研发创新基地,先后被列入江苏省和苏州市"十一五"发展规划重大科技项目。苏州科技城不断提高自主创新能力,推动新兴产业发展,逐渐形成微系统园、生物医学园、苏高新软件园、医疗器械产业园等产业集群态势。中科院苏州生物医学工程研究所、中科院苏州地理科学与技术研究院等科研院所和研发机构的进驻,使区域内创新活力不断增强。2016 年,区域已集聚科研院所、研发中心和技术机构 150 余家,集聚海内外各类高层次和专业人才 6 万余人,其中,获批各级各类领军人才 380 余人次,国家"千人计划"人才 30 人,省双创领军人才 52 人,市姑苏领军人才 66 人,获批省"创新团队"7 个。

打造人才工作品牌。在逐步完善人才政策和积极培育人才载体的同时,苏州市坚持"引进来"和"走出去"紧密结合的招才引智模式,打造出"苏州国际精英创业周"、"赢在苏州"国际精英海外创业大赛、"苏州技能英才周"等一系列人才引进培育工作特色品牌,重点引进培育领军人才、紧缺专业人才和高技能人才。

"苏州国际精英创业周"已成为享誉海内外的品牌招才引智活动

"苏州国际精英创业周"活动由国家科技部、人社部、国侨办、团中央、中科协、中科院与省政府联合主办，是苏州市从2009年起率先在全省打造的海外高层次人才引智平台，每年面向海内外定向邀请重点和新兴产业领域高层次人才来苏洽谈考察和项目对接。到2017年，连续九届创业周共落户项目3 785个，累计注册资本296亿元，充分显示出"汇聚全球智慧，打造创业天堂"的优势效应。为进一步引进创业创新海外人才及项目，提升"走出去"的水平，自2011年起，苏州在北美、欧洲和大洋洲等地区，以市政府名义主办"赢在苏州"国际精英海外创业大赛，至今，连续举办七届"赢在苏州"国际精英海外创业大赛，已在美国、德国等地举办25场次，共吸引2.2万名海外高层次人才参赛，征集项目4 356个，与每年的"苏州国际精英创业周"形成"海外达成意向，国内正式签约"的良性互动。

苏州市不仅重点引进培育高层次人才,同样也重视高技能人才队伍建设,在扎实推进"姑苏技能大奖""苏州市技术能手"等一系列评选工作的同时,自2013年起创办"苏州技能英才周",每两年举办一届,努力在全社会营造"尊重劳动、尊重技能、尊重创造"的浓厚氛围,为全市经济发展方式转变提供强有力的技能人才支撑。全市人才资源储备与经济社会发展的适应性、匹配性不断增强。至2017年末,全市各类人才总量260.01万人,其中高层次人才22.3万人,高技能人才54.87万人;累计自主申报入选国家"千人计划"人才237人,其中创业类人才127人,占全国创业类人才的15%,位居全国地级市首位;累计入选省"双创"人才782人;累计入选国家"千人计划"外专项目6人,省"外专百人计划"39人;持外国人工作许可证的外国高端人才、外国专业人才1.3万多人,海外留学回国人员约4.2万人。

持续推进党风廉政建设和反腐败斗争

党风廉政建设和反腐败斗争关系党和国家的生死存亡。改革开放以来,苏州各级党组织坚持"党要管党、从严治党",全面加强党的建设,坚定不移深入推进党风廉政建设和反腐败斗争,为维护经济社会又好又快发展提供了有力保证。

党的十一届三中全会前后,苏州逐步恢复和建立了各级党的纪律检查委员会,为在改革开放形势下端正党风、严肃党纪和惩治腐败提供了坚强的组织保证。改革开放初期,为了迅速治愈"文革"十年动乱对党造成的严重创伤,苏州市委和各级纪委按照党中央和省委的统一部署,认真组织党员干部学习《关于党内政治生活的若干准则》《关于建国以来党的若干历史问题的决议》及党的十二大的报告和

1985年《苏州报》关于苏州整党工作全面展开的新闻报道

党章等一系列重要文件,进一步深化党风党纪教育,坚决维护党的政治纪律,加快纠正冤假错案的步伐,开展打击严重经济犯罪活动,制止、纠正党员干部以权谋私等不正之风。1979年至1984年6月底,全市检查处理违纪案件4 459件,受党纪处分的党员3 622人,全市党的作风逐步好转。根据《中共中央关于整党的决定》和省委的部署,苏州市各级党组织在1985年和1986年内分四批进行了全面整党,对"三种人"("文革"中造反起家的人、帮派思想严重的人、打砸抢分子)和"文革"中犯严重错误的人进行组织处理。在整党的基础上,为了把党风建设落到实处,从1985年起,市委带头制定党风责任制,全市上下逐步形成了"全党抓党风,一级抓一级"的局面。

党的十四大以后,苏州根据中央和省委的统一部署,在1993年决定市纪委和市监察局合署办公,实行党政机关双重监督的新机制,并在当年10月具体部署集中力量抓好查办大案要案、领导干部廉洁自律和清理乱收费、公费出国出境旅游、党政机关经商办企业四项工作。在"查清问题、惩治腐败、挽回损失、维护稳定、促进发展"的思想指导下,苏州以"三机关一部门"(党政机关、司法机关、行政执法机关、经济管理部门)和领导干部违法违纪案件为重点,加大对工程建设、教育、卫生等领域的违法违纪案件的查处力度。1994年至2001年7月,全市纪检监察机关共受理群众来信来访和举报电话43 705件(次),立案查处违法违纪案件5 473件,给予党纪政纪处分5 434人,其中开除党籍2 081人,追究刑事责任458人,有效遏制了腐败现象的蔓延。

进入21世纪以后,苏州着力推进建立惩治和预防腐败体系建设,以建立健全教育防范、公共权力配置、公共财政管理、公平择优用人、监督管理、查案惩处、廉政激励、测评预警等机制为目标,全面系统地推进惩治和预防腐败工作。2005年1月,中央出台《建立健全教育、制度、监督并重的惩治和预防腐败体系实施纲要》后,市委结合苏州实际,制定《关于贯彻中央惩防体系〈实施纲要〉的意见》,进一步明确推进惩防体系建设的目标和任务,全市反腐倡廉建设工作进一步走上系统化、规范化、法制化轨道。2008年5月,市委制定出台《关于推进惩治与预防腐败体系建设,保证苏州经济社会又好又快发展的意见》,对进一步健全拒腐防变的长效机制、反腐倡廉制度体系和权力运行监控机制进行了细化和充实。至2010年,"以反腐倡廉制度建设为根本、以廉政风险防控为载体、以制约监督权力为核心、以项目管理和科技成果运用为保障"的苏州特色惩防体系基本框架初步形成。

2010年11月,苏州市惩防体系建设工作会议召开

党的十八大以后,苏州高度重视党风廉政建设和反腐败斗争,将其作为落实全面从严治党的重要内容。为推动党风廉政建设和反腐败工作深入开展,苏州全面落实"三转"(转职能、转方式、转作风)要求,全市各级纪检监察机关围绕中心任务,突出主业主责,把工作聚焦到党风廉政建设和反腐败斗争上,更加科学有效地发挥纪检监察职能作用。全市上下认真贯彻落实中央八项规定和省市规定精神,持之以恒正风肃纪,驰而不息纠正"四风",推动全市作风建设制度化、常态化;持续

开展"清风行动",在元旦、春节、中秋等重要节日期间,重点进行监督检查,严肃查纠公款请客送礼等不正之风,全市干部作风不断好转。

2014年5月,市委出台《关于落实党风廉政建设党委主体责任、纪委监督责任的实施意见(试行)》,明确党委领导班子集体、班子成员和纪委落实责任的要求,形成责任清单,切实落实党风廉政建设"两个责任"①。在此基础之上,苏州市逐步建立起市委巡查工作实施意见、纪委约谈工作制度等9项配套保障制度和措施,全省率先建成落实"两个责任"的"1+9"制度体系。在日常监督管理中,各级党组织坚决贯彻中央和中纪委要求,积极实践运用监督执纪"四种形态"②,让咬耳朵、扯袖子、红红脸、出出汗成为常态,坚决把纪律挺在前面,突出抓早

苏州市第十二届纪律检查委员会第二次全体会议现场

---

① 2013年党的十八届三中全会提出,在落实党风廉政建设责任制过程中,党委负主体责任,纪委负监督责任。

② 2016年十八届中央纪委六次全会明确提出,全面从严治党,要运用监督执纪"四种形态":让咬耳朵、扯袖子,红红脸、出出汗成为常态,党纪轻处分、组织调整成为大多数,重处分、重大职务调整的是少数,而严重违纪涉嫌违法立案审查的只能是极极少数。

抓小抓苗头,立足及早发现问题,强化问题线索集中管理,推行初信初访"零暂存",严格按照"五类标准"(拟立案、初核、暂存、留存和了结)处置问题线索。同时,苏州把坚决遏制腐败蔓延势头作为重点工作目标,始终保持惩治腐败的高压态势。2013年至2017年8月,全市共立案审查6 214件,其中涉及县处级干部104件、乡科级干部497件,给予党纪政纪处分5 924人,涉嫌犯罪移送司法机关443人,为国家和集体挽回经济损失12.2亿元。2017年11月,苏州市深化国家监察体制改革试点工作,严格按照中央和省委、市委的部署,整合反腐败资源力量,推动苏州市和各县(市、区)两级监察委员会组建工作,建立党统一领导下的国家反腐败工作机构,构建集中统一、权威高效的监察体系,实现对所有行使公权力的公职人员监察全覆盖,形成巡视、监察、派驻"三个全覆盖"的权力监督格局,为全省乃至全国深化国家监察体制改革试点工作提供苏州经验。2018年1月,"苏州市监察委员会"正式揭牌。至此,苏州市、县(市、区)两级监察委员会全部完成组建,全市党风廉政建设和反腐败工作迈上新台阶。

探索党建工作新举措
构建基层党建新格局

党的基层组织是确保党的路线方针政策和决策部署贯彻落实的基础。改革开放以来,苏州各级党组织不断强化"围绕发展抓党建,抓好党建促发展"的中心意识,主动顺应产业布局、行业分工、党员流向变化和城乡一体化发展趋势,紧扣时代主题,积极创新进取,突出区域特色,农村、非公、社区、机关及企业等党建工作取得丰硕成果,充分展示了苏州基层党组织的号召力、凝聚力和战斗力。

农村党建与农村中心工作"无缝对接"。为了不断增强农村党组织的凝聚力和战斗力,苏州始终围绕经济建设这个中心,抓队伍、强基础、求创新、促发展。党的十一届三中全会后,随着工作重心的转移,经过全面系统整顿,苏州农村基层党建成功实现了转型,党员队伍面貌焕然一新,乡镇企业党员发展和教育管理走上正轨。1992年,市委组织部等7部门联合发起建设"示范村"活动,通过"示范村"建设抓好党支部自身建设,建立健全村级党组织工作运行机制。适应建立社会主义市场经济体制需要,1995年市委编制《苏州市加强农村党组织建设三年规划》,把实现农村现代化与加强农村党建融为一体。从1998年起,市委开展创建"加强党组织建设,加快现代化建设示范乡镇"活动,把乡镇党委建设和农村现代化建设有机结合起来,提出了"六个好"①的

---

① 即选配一个乡镇党委好班子,建设一支乡镇干部好队伍,选准一条发展经济、共同富裕好路子,建立一套工作管理监督好制度,保持一种密切联系群众、艰苦奋斗、实事求是好作风,形成一个"两个文明"协调发展的好工作格局。

建设目标,村务公开、乡镇政务公开工作全部完成,农村基层民主建设进一步加强。进入21世纪,执政能力和先进性建设成为党建重点,苏州以先锋村、先锋镇、先锋市(区)"三级联创"活动统揽农村党建工作。带头创业致富、带领群众致富的"双带"活动深入开展,整顿帮扶集体经济薄弱村党组织、农村社区党建、农村党内民主等工作同步推开,农村经济和农村党建融合发展迈上新台阶。党的十八大以来,苏州以基层党建"先锋工程"为抓手,深入开展农村党建富民先锋行动,持续实施9轮整顿帮扶集体经济薄弱村党组织工作,精准选派"第一书记"到集体经济薄弱村任职,2016年村级稳定性收入全部达到了200万元以上目标。吴中区甪直镇、张家港市永联村、常熟市蒋巷村等一批明星村镇成为全国经济建设与党建工作融合发展的先进典型,蒋巷村党委书记常德盛先后被授予"全国优秀共产党员""全国道德模范"等荣誉称号。

非公党建"红色引擎"助推企业发展。自20世纪80年代外商投资企业进驻以来,苏州坚持早谋划、早部署,理直气壮、零活多样地开展

2018年9月,常熟市蒋巷村党委书记常德盛(左四)
主持召开蒋巷村乡村振兴再出发动员誓师大会

非公党建各项基础工作。率先探索非公经济组织中的党建新课题，1986年在全市推广苏旺你有限公司和赛露达有限公司党支部"单独建制、公开活动、立足业余、小型分散、灵活多样、讲求实效"的成功经验，对其他"三资"企业的党组织建设进行了有效指导。20世纪90年代，市委组织部先后制定了关于加强"三资"企业党组织、私营企业党组织、股份合作制企业、外商独资企业、私营企业等党建工作的意见，就非公经济党组织的建立、管理、主要任务、活动方式、党员的发展和教育管理等作出具体规定。到2002年底，全市非公经济组织中，已建立党组织3323个，覆盖企业5248家，应建已建率达95.02%。2004年7月，市委建立非公有制经济工作委员会，各区、街道也相应建立了非公经济组织党工委、党委或党总支，切实加强对辖区内改制企业和其他非公党建工作的领导。党的十八大以来，市委把新经济组织和新社会组织作为党的工作和群众工作的重要阵地。2015年7月，苏州市委非公经济

2018年8月，亨通集团党委书记、董事局主席崔根良（左一）参加吴江区非公党建组织力标准体系暨"四个一"工程推进会

工委改建为市委"两新"工委,统一领导全市非公党建工作。各级党组织大力实施"两新"党建活力先锋工程和"非公先锋兴企惠民"行动计划,"两新"组织党建工作取得明显进展。昆山沪士集团的陈惠芬、三星电子(苏州)的李成春被中组部授予"全国优秀党务工作者"荣誉称号。亨通集团党委书记、董事局主席崔根良被中宣部授予"时代楷模"称号。全国首家以个人名字命名的区域化非公经济党建工作室——"周新民党建工作室",被中组部作为基层党建典型经验在全国宣传推广。在苏州,党建工作在促进企业发展、凝聚职工群众中的作用不断凸显,"党建强,企业更强"成为越来越多企业家的追求。

社区党建全面融入城市"大党建"格局。随着城市化的快速推进,城市社会结构发生深刻变化,苏州街道、社区基层党建向城市"大党建"转型。街道、社区党组织经过20世纪80、90年代的强化建设,21世纪开始逐步调整优化党建工作格局。2002年全市50个街道、190个社区居委会的党组织调整完毕,整体压缩一半左右,城区街道普遍建立了社区党建联席会议制度,开始探索条块结合、区域联动的社区党建新格局。2004年市委制订工作计划,开展创建社区党建示范点和机关与社区党组织结对共建工作,大力推进和完善区域性党建工作机制。随着国有企业产权制度改革全面推开,改制后企业和退休党员纳入属地管理,街道和社区党建工作加速"扩容"。2005年、2008年、2010年,市委分三批授予90个社区党组织市级"社区党建工作示范点"称号。原金阊区石路街道党工委、苏州工业园区湖西社区党委先后被中组部授予"全国先进基层党组织"称号。党的十八大以来,苏州认真贯彻落实中央关于加强和改进党的建设的一系列重大部署,社区党建和谐先锋行动深入推进。健全"党建引领、政社互动"工作机制,强化社区党组织的领导保障权、工作主导权和管理监督权。持续开展基层党建三级联述联评联考,完善城市基层党建四级责任联动体系。坚持"一切工作到支部"的鲜明导向,全面落实书记抓党建责任"三张清单",串联起市、区、街道、社区四级党组织,建立了纵向到底、横向到边、协同发力的"一张网"管理体系。

苏州社区党建全面融入城市"大党建"格局

在城市"大党建"理念下,社区党建全面融入区域化联动、网格化管理、数字化建设、菜单式服务、党建联盟等党建工作品牌。以党员"嵌入"网格为依托,用红色党建引领社会治理,实现了基层党组织建设、社区管理和居民自治"三网合一";坚持以党建带群建促社建,建立开放式、多层次、扁平化的党建联动平台,实现共驻共建、融合共治的互利共赢局面;打造"互联网+"智慧党建平台,实现全市党组织、党员信息全数字化管理,组成集展示、交流、学习、服务于一体融合的党建新媒体"红色矩阵"。机关党建勤廉先锋行动持续深化机关社区"双结对"活动,长效落实在职党员进社区制度,"六个一""三访三促"等活动深入开展,市县两级833个机关单位结对1 126个社区,累计15万名在职党员到社区报到。国企党建强企先锋行动开展"双强三争创"活动,通过党员责任区、党员品牌工程、党员攻关项目等有效载体,实现了党建与生产经营同频共振、相互促进。"海棠花红"先锋阵地群建设加快推进，47个基层党组织阵地成为首批市级"海棠花红"先锋阵地，成为旗帜鲜明的"红色文化"、党性教育的"红色课堂"和联系服务群众的"红色港湾"。基层党建作为贯穿社会治理和基层建设的一条红线，苏州初步形成了"政治引领、区域融合、支部行动、治理创新"的基层党建工作新模式，成为引领社会治理、服务人民群众、促进社会和谐、推动经济发展和城市创新的核心引擎。

走在高水平全面建成小康社会
开启现代化新征程前列

党的十九大以来,苏州市委、市政府把决胜高水平全面建成小康社会当作当前的紧要任务。主动对接人民美好生活需要,突出创新驱动、突出改革开放、突出城乡建设、突出文化传承,全力攻克发展不平衡不充分的问题,使发展质量更高、效益更好、更加公平,使人民获得感、幸福感、安全感更加充实、更有保障、更可持续,确保小康路上一个不少、一户不落,确保建成的小康社会得到人民认可、经得起历史检验。

经过改革开放 40 年的发展,苏州有条件也有责任率先推动高质量发展,勇当高水平全面建成小康社会的标杆,勇当探索具有时代特征、江苏特点的中国特色社会主义现代化道路的标杆,全力以赴推进建设具有国际竞争力的现代产业名城、开放包容的创新创业名城、富裕文明的美丽宜居名城、古今辉映的历史文化名城,争做"强富美高"新江苏建设的先行军和排头兵。苏州是邓小平完善、丰富小康社会思想,验证小康社会目标的地方。1983 年 2 月,党的十二大确立"翻两番"战略目标不久,为了考察用 20 年的时间实现人均国民生产总值"翻两番"达到人均 800 美元有没有可能,邓小平来到苏州,实地考察了苏州的经济社会发展状况。苏州之行给邓小平留下了十分深刻的印象,经过对苏州的实地考察和汇报,邓小平增强了信心,并进一步勾勒出完整的小康社会蓝图。

30 多年来,作为小康社会建设的"试验田",苏州市委、市政府抓住三次重大机遇,历经三个发展阶段,实现了从贫困到温饱、从温饱到总体小康、从总体小康到全面建成小康社会的历史性跨越,探索了一条富有区域特色的小康建设之路。1990年,苏州进入全国36个人均国内生产总值超800美元的城市之列,提前十年实现小康社会提出的"翻两番"的战略目标,达到总体小康水平。

实现总体小康社会以后,苏州坚持"三个代表"重要思想和科学发展观,坚持富民强市,坚持率先发展、科学发展、和谐发展、创新发展。在目标定位上,"快中求好,好中求优";在路径选择上,"扬长避短,整体推进";在工作方法上,"以点带面,典型示范";在组织保障上,"全市一盘棋,凝成一股劲"。2005年底,苏州率先完成省定全面小康社会的指标任务。在涉及经济发展、生活水平、社会发展、生态环境4个方面的省定全面小康25个指标中,苏州市22个完全达标指标都不同程度高于省目标,其中15个指标在2004年就已提前达标。到2005年底,苏州人均GDP按常住人口计算已经达到54 143元,比省均目标高1.3倍;城镇登记失业率为3.3%,比省均目标值低1.7%;城镇居民人均收入达到16 276元,比省均目标值高276元;农民人均纯收入达到8 393元,比省目标值高11%。

党的十八大进一步明确"两个百年"的奋斗目标,全面建成小康社会被摆到更加突出的位置。2014年,习近平总书记视察江苏,殷切希望我们牢记"两个率先"光荣使命,把主要精力放在全面小康建设上,努力在五个方面迈上新台阶,建设"强富美高"新江苏。苏州作为率先进行小康社会建设探索的先行地区,面对时代的新要求与群众的新期盼,认真贯彻落实习近平总书记的指示精神,以新发展理念指导发展,着力在小康社会建设已有成果基础上,进一步适应经济发展新常态,提高水平,提升质量,扩大惠及面,确保小康路上一个不少、一户不落,人民群众的获得感和幸福感更强,建设具有苏州特点、代表苏州质量的小康社会,为"高水平全面建成小康社会"进行了新探索,作出了新示范。

一是注重创新驱动,让经济发展更加高质。苏州坚持把创新放在更加突出的位置,科技创新逐渐成为经济社会发展主动力,苏南国家自主创新示范区核心区发展加快,以高新技术产业为主导、服务经济为主体、先进制造业为支撑的现代产业体系逐步完善,经济保持中高速增长,产业迈向中高端水平,经济质量效益显著提升,财政收入、企业利润、居民收入"三个口袋"更加充实。2017年,全市一般公共预算收入1 908.1亿元,比上年增长10.3%;规模以上工业企业实现产值3.2万亿元,增长10.4%;全社会研究与试验发展经费支出占地区生产总值比重达到2.82%。

苏州市首个园林式养老机构——怡养老年公寓

二是注重富民惠民,让人民生活更加幸福。始终贯彻以人民为中心的发展思想,城乡居民收入增长与经济增长保持同步,社会保障和就业水平稳步提高,全民共享、全面共享、共建共享、渐进共享扎实推进,学有优教、劳有多得、病有良医、老有善养、住有宜居取得新进展,人民群众幸福感和获得感更多更强。2017年,全市城镇居民人均可支配收入5.88万元,比上年增长8.1%;农村居民人均可支配收入2.99万元,比上年增长8%;城镇职工社会保险、城乡居民养老保险和医疗保险保持全覆盖;中小学、幼儿园新增学位5.5万个,实施健康城市、健康市民、健康卫士系列行动计划,建立23个医联体、覆盖137家医疗机构,引进27个国内顶尖临床医学专家团队,市广济医院新院和第五人民医院新院建成使用。

2012—2017年苏州城乡居民人均可支配收入

三是注重绿色发展,让生态环境更加优美。坚持把生态文明建设贯穿于经济社会发展各个方面,全力打好大气、水体、土壤污染防治"三大战役",单位地区生产总值能耗不断下降,资源利用效率显著提高,主要污染物排放总量和环境风险得到有效控制,与生态文明相适应的空间格局、产业结构和生产生活方式逐渐形成,生态环境质量持续好转。2017年,实施大气污染防治工程,市区空气质量优良天数达到261天,比上年增加9天;PM2.5平均浓度下降6.5%;太湖流域水污染防治和阳澄湖生态优化行动深入开展,农村生活污水治理三年行动计划顺利收官,苏州通过国家水生态文明城市建设试点验收;市区新增绿地400万平方米,全市陆地森林覆盖率达到29.8%。

四是注重提升文明程度,让道德风尚更加良好。坚持"两个文明"一起抓,力促"社会文明程度高",不断展现新风貌,人民群众思想道德素质、科学文化素质、健康素质持续提高,向上向善、诚信互助的社会风尚更加浓厚,全社会法治意识不断增强,文化软实力进一步提升。2017年,苏州社会信用体系建设步伐加快,综合信用指数继续位居全国地级市首位;治安形势持续向好,张家港市获评全国平安建设先进县(市);苏州教育博物馆建成开馆,新增未成年人社会实践体验站112个。

2018年上半年,苏州完成地区生产总值9 109.8亿元,增长6.9%;一般公共预算收入1 115.9亿元,增长12.7%,税收收入增长17.8%,税比达92.7%,财税收入分别占全省的24%和25.8%;新增就业8.9万人,城镇登记失业率1.84%,城乡居民收入分别达到3.26万元和1.66万元。在稳增长、促改革、调结构、惠民生、防风险方面,继续高质量推进各项工作开展。党的十九大以后,苏州以习近平新时代中国特色社会主义思想为指引,不忘初心,牢记使命,勇当两个标杆,争当"强富美高"新江苏建设排头兵,继续走在高水平全面建成小康社会开启现代化新征程前列。

后 记

2018年是党的十一届三中全会召开40周年。为了纪念改革开放40周年,苏州市委党史工作办公室围绕党的十一届三中全会以来苏州在经济、政治、文化、社会、生态文明和党的建设等方面的大事、要事,选取了40个专题,组织编撰了《改革开放四十年苏州印记》一书。

本书在编撰过程中得到了有关单位的大力支持。市委宣传部为专题的选取专门组织专家和有关部门进行论证,书中所用到的资料、图片,部分选自市委宣传部、市统计局、市档案馆、市地方志办等单位的有关材料,在此一并表示感谢。参加本书编写的人员有邓正发、张原诚、靳晓鸥、赵金涛、王春华、王艳艳、李兵等同志,张原诚同志负责统稿和全书的调整,邓正发同志负责最后审定。

由于编撰时间紧迫、资料不足以及编撰人员水平所限,本书错误与疏漏之处在所难免,敬请读者批评指正。

编 者

2018年8月